마
림
바

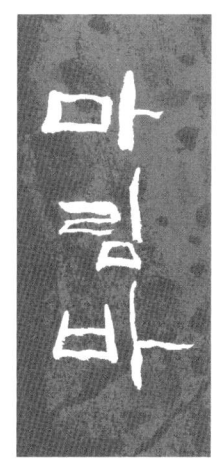

마림바

왕옥현 수필집

책을 내며

　첫 수필집을 내놓은 지 오 년의 시간이 흘렀습니다. 그동안 살아가는 모습은 그대로인데, 내가 속한 공동체와 도시는 참 많이 변했습니다.

　태어나 머물지 못하고 떠난 고향은 내게 진정한 고향이 되질 못합니다. 유년시절부터 결혼 전까지 살았던 인천, 여전히 친정식구들과 친구들이 살고 있지만 언제부턴가 낯설게 느껴집니다. 경제논리를 앞세워 변해가는 도시는 하루하루 진화하며 몸피를 늘이는데 그 속에 살고 있는 사람들은 여전히 종종걸음입니다.

　두 번째 수필집 《마림바》는 그런 도회지 사람들 모습을 담아내고 싶었습니다. 이미 실체가 사라지고 겨우 상상 속에나 존재하는 고향. 도시를 떠나지 못하면서 늘 내가 만들어 놓은 허구의 고향을 찾아다니는 이방인 같은 삶에 쉼표를 찍어주고 싶습니다.

굵직굵직한 행사가 모여 있는 올 해는 내게도 의미 있는 한 해가 될 것 같습니다. 그동안 문예지나 지역신문에 발표했던 글을 모아 작품집을 엮게 되어 마음이 한결 가벼워졌습니다. 폴더에 갇혀있는 글이 마치 집을 찾아 들어간 것 같은 느낌입니다.

언제나 한결같은 친구이자 남편에게 깊은 감사를 드립니다.

2012년 가을.

왕 옥 현

차 례

■ 책을 내며 4

1. 마음으로 듣는 소리

달인 12
가을 모기 16
도토리 줍는 할머니 20
마음으로 듣는 소리 25
꽃피는 공중전화 30
사서 고생 35
사막에 그녀가 산다 39
그녀 목소리 43
모과 하나가 47
아직은 아날로그 51
수면제 56

2. 소금꽃 사랑

마림바　62

나무를 사랑하는 법　66

숟가락 팔자　71

유모차에 피어난 꽃　75

소금꽃 사랑　79

개미　83

학의천에 세 들다　87

날개가 부러운 것은　91

폴라로이드　95

부활을 꿈꾸다　99

괜찮아　103

3. 색 뿌리는 남자

알지도 못하면서 108

레코드판에서 기억을 찾다 113

수련 118

부러우면 지는 거야 122

색 뿌리는 남자 127

송충이 본색 131

낙화의 의미 136

을왕리 140

터 144

플라타너스 148

그곳에 가면 153

4. 세상 속으로

장미 문신　158

조기 유감　162

굽은 등　166

내 귀가 소리를 거부한다면　171

세상 속으로　175

봄날은 간다　180

모자는 알고 있다　184

고구마　188

마지막의 무게　192

쇼콜라티에　197

찬바람이 불면　201

5. 신기료 아가씨

스마트한 세상이라는데 206

그림 읽기 210

유행가 213

불 켜진 창 217

신기료 아가씨 220

빠빠라기 225

하늘에서 본 한국 229

동백꽃 속으로 233

뱃살방에 가야 할까 238

글쓰기, 그 중독의 길 242

■ 왕옥현의 수필세계 | 김우종 247

1.
마음으로 듣는 소리

달인

가을 모기

도토리 줍는 할머니

마음으로 듣는 소리

꽃 피는 공중전화

사서 고생

사막에 그녀가 산다

그녀 목소리

모과 하나가

아직은 아날로그

수면제

달인

양손을 벌려 짚으면 셀 것도 없이 포장된 빙과 열 개가 상자 속으로 향한다. 손끝에 눈이라도 달린 것 마냥 한 치 오차 없는 그녀의 눈대중에 입이 떡 벌어진다. 여기저기서 감탄사가 터져 나온다. 한 분야에서 숙련된 사람들을 찾아 그들의 삶의 현장을 보여주는 텔레비전 프로가 있다. <생활의 달인>이다.

화려한 조명을 받는 직종보다 사람들 시선이 비껴간 곳에서 묵묵히 할 일 다 하는 사람들이 주인공이다. 이번엔 모 빙과업체를 찾아 완성품을 포장하는 것에 초점이 맞춰졌다. 재빠른 손놀림으로 일당백 역할을 충분히 해내고 있는 그녀의 모습은 아름다웠다.

오랜 세월 일하다 보면 누구나 그녀처럼 달인이 되는 걸까.

십 년 넘게 학교 밖 독서 선생 노릇을 하고 있지만, 아이들을 만날 때면 설레는 감정이 앞선다. 십여 년 전 일을 시작했을 때처럼. 새롭게 맺어질 인연의 줄이 튼실해 아이와 즐거운 시간을 나눠 갖길 원한다. 하지만 요즘 능력의 한계를 느낀다.

트리나 폴러스의 《꽃들에게 희망을》 속에 등장하는 애벌레 기둥처럼, 경쟁자를 딛고 우뚝 서길 원하는 세상이다. 감성보다 이성을 요구하고 정서를 매만져주는 일이 하찮게 여겨지는 요즘이다. 자신의 길을 잃고 텅 빈 눈동자를 만난 날은 밤새 잠들지 못하고 뒤척인다. 표정없는 아이들 얼굴에 활력을 불어 넣고 싶지만 마음 같지 않다.

'기러기 아빠'란 말 속엔 자식의 미래를 위해 자신의 현실을 담보로 한 아버지들의 고된 삶이 서려 있다. 내 자식만큼은 최고로 키워 누구보다 누리는 삶을 갖게 하려는 부모들이 존재하는 한 사교육 시장은 날로 비대해질 것이다. 나 역시 일조하는 부분이 있다. 각종 문제에 갇혀 가쁜 숨을 쉬는 아이들에게 산소 같은 역할을 할 것으로 생각하고 들어선 길이 오히려 그들에게 짐 하나 보태 준 것은 아닐까, 자책하는 시간이 길다.

텔레비전 화면을 채운 그녀의 눈빛은 소신에 차 있다. 공장 한쪽에서 완제품을 포장하는 일일망정 정성이 지극하다. 직업에 귀천이 없다면서도 좀 더 지능적이고 권위적인 일에 세인의 눈길이 머무는 얄궂은 심사를 모르지 않는 그녀다. 달인이란 소릴 듣기까지 그녀 머릿속을 채웠을 갈등은 또 얼마나 많았을까.

며칠 전 일이다. 동화 수업을 시작한 지 한 달도 안 된 아이가 복도에서부터 큰 소리로 부르며 문을 두드린다. 문을 열어주자 어설프게 접은 종이학을 빈 우유병에 넣어 선물이라며 내민다. 동화책을 읽고 글을 쓰고 때로는 만들기를 하거나 그림 그리던 고사리 손으로 집은 학을 꺼내 삼시 감상한다.

초등학교 일 학년인 아이는 늦둥이다. 성인이 된 오빠와 중년의 부모 사랑을 독차지하고도 남을 만큼 애교가 차고 넘친다. 눈꼬리에 장난기 가득한 아이는 엄마와 냉전 상태로 내게 왔다. 상담하는 동안 아이에게 필요한 것은 자신의 이야기를 가만히 들어줄 상대임을 알았다. 뒤늦게 얻은 딸의 행동을 통제하고 채근하는 엄마의 잔소리가 마음에 생채기를 만든 탓이다.

동화를 함께 읽다 보면 주인공을 통해 감정이입이 이루어지고 때때로 무의식에 남아있던 상처가 되풀이 되거나 치유되는 경우가 있다.

자식과 마음 맞는 엄마 노릇은 얼마간의 시간이 흘러야 달인 소리를 들을 수 있을까. 현명한 어미 노릇, 선생 노릇을 알려주는 내비게이션은 만들 수 없는 걸까.

첫 아이를 키웠던 경험이 무색하게 늦둥이 딸과 부딪히기만 하는 이유를 모르겠다던 아이 엄마는, 딸이 원하는 것의 실체를 깨달은 듯 보였다. 갈등의 원인이 자신에게 있었음을 순순히 인정하는 모습은 모성이 있기에 가능하다.

염려가 지나쳐 아이를 구속하는 줄 모르고 애가 유별나서 산만하고 반항적인 거라 여겼을지 모른다. 수학문제 푸는 것보다 영어 단어 외우는 것보다 더 중요한 게 있음을 알면서도, 현실의 무게를 걷어내지 못한 지난 시간을 돌아보며 아이엄마는 후회했다.

달인이 되는 길이 어디 쉬운가. 땀과 눈물로 얼룩진 길이 반들거리도록 갈고 닦았을 것이다. 구저분한 일일망정 사람들 시선에 아랑곳하지 않고 묵묵히 한 길을 걸어온 결과이리라. 하루아침에 오른 자리라면 보는 이에게 감동을 주지는 못했을 것이다. 주변 상황에 흔들리지 않고 당당히 자신의 소신을 밀고 나간 그네가 꽃보다 아름답다. '달인'이란 칭호가 무색하지 않은 그들의 프로정신이 마음을 따뜻하게 한다.

(2008. 11)

가을 모기

　한로寒露도 지나 상강霜降이 코앞이다. 아침저녁으로 소슬바람이 부는 요즘, 때아닌 모기떼가 극성이다. 처서가 지나면 모기 입이 비뚤어진다는 말은 옛말이 돼버렸다. 한여름 밤을 주름잡던 위세와 비교하면 한풀 꺾였지만, 피를 빨아대는 본성이야 어디 가겠는가. 아침이면 작은아이 몸 여기저기 지난밤 피비린내 나는 혈투의 흔적을 본다.

　가을모기, 신종種 하나 탄생하는 걸까. 일억 년이 넘도록 종족을 보존해 온 모기는 끊임없이 세월에 맞게 몸피를 줄이며 진화해 왔다. 어쩌면 지금도 진화하고 있는 중일지 모른다. 박쥐를 비롯해 잠자리와 거미 같은 천적들보다 현실 적응력이 뛰어난 결과 이젠 계절을 넘나들 태세다. 무사히 눈속임했다고 여긴 순간 여지없이 사람의 손바닥이나 둘둘 말린 신문봉에 압사당하면서도 날래게 진화해 수명을 이어가고 있다.

눅눅한 습지나 큼큼한 환경을 거부하고, 안온한 인간의 살 냄새가 퍼져 있는 공간 속으로 스며들었다. 여기저기 똑같은 크기로 세워지는 아파트란 숲 속은 늘어지게 쉴 수 있는 우부룩한 풀밭을 끼고 있어 새끼들의 안전한 양육을 걱정할 필요가 없다. 가끔 천지가 요동하는 방역차의 소음과 숨이 캑캑 막히는 갑갑한 고통의 시간은 통과의례다. 묵묵히 견디면 안개는 걷히고 여기저기 만찬은 늘 벌어지고 있으니까. 현실은 모기에게 더 없는 조건으로 바뀌고 있다.

모기의 탐욕은 사람들 때문이다. 물욕을 향한 수위를 초강도로 올린 사람에게서 뿜어져 나오는 페로몬, 코끝을 자극하고 빈 뱃속을 요동치게 하는 강력한 향은 짙은 어둠 한가운데서도 먹잇감 찾을 수 있는 최첨단 내비게이션이다.

작은아이는 요즘 모기 생포에 여념이 없다. 가족 중 유난히 자신을 사랑하는 모기 때문에 갖가지 오명을 듣는 게 서운했을까. 한여름엔 제 세상 만난 듯 쌩쌩한 날갯짓에 생각도 못한 일을 소슬한 요즘 실행 중이다. 아이에게 붙잡혀 움쭉달싹 못하는 모기에게는 처참한 미래가 기다리고 있다. 투명 플라스틱

통에 담겨 냉동실에 갇히는 것이다. 모 방송프로에서 급속 냉동한 붕어를 다시 살려내는 장면을 본 후 본인도 직접 생명을 좌지우지하는 전지전능을 실험해 보고 싶은 모양이다.

매번 여섯 개의 가느다란 다리를 위로 향한 채 얼어 죽은 모기의 주검을 본다. 탐욕스럽게 뜨거운 피를 빨아대던 주둥이는 죽어서도 기세 좋게 뻗어 있다. 발랑 누운 자세로 꽁꽁 언 모기의 주검을 향해 헤어드라이어로 따뜻한 바람을 불어준다. 그런다고 빠져나간 생명이 돌아올 리 없건만 시망스런 작은아이의 호기심은 좀체 잦아들 줄 모른다.

어둠이 슬금슬금 그늘을 만들기 시작하면 또다시 작은아이는 눈을 반짝이며 집안 구석구석 샅샅이 훑고 다닌다. 주로 천장이나 침대 모서리 같은 곳에 들러붙어 흡혈의 시간을 기다리고 있는 모기들. 하루도 거르지 않고 용케 잡아낸다. 모기 몸에 생채기가 나지 않도록 추임새도 지극하게 잡아내어 기를 불어넣는다. 어차피 냉동실에 갇히면 몸속 체액까지 꽁꽁 얼 텐데.

코미디 같은 아이 행동을 지켜볼 수 있게 된 것은 이상 기온 탓이다. 가을 모기가 극성이지 않았다면 불가능했을 일이다. 자신의 몸보다 턱없이 작은 것에게 여름내 시달린 것이 분하기도 했을 것이다. 생명은 사람이든 모기든 소중한 거라고 타

이르고 야단을 치면 아이는 상처투성이가 된 팔다리를 내민다.

올해 노벨평화상은 유엔 정부간기후변화위원회(IPCC)와 미국의 앨 고어 전 부통령이 공동 수상했다. 대선에서 패한 후 환경운동가로 변신한 그는 이미 <불편한 진실>이라는 다큐멘터리를 찍어 두 번의 영화상을 거머쥔 터였다. 인류가 처한 불안한 미래는 이미 코앞의 현실이 되어 가고 있다. 그동안 문제의 심각성을 인지하면서도 슬쩍 외면한 대가가 도처에서 벌어지고 있다.

다소 짓궂은 작은아이의 실험이 현실로 옮겨질 때 한 번으로 끝나겠지 했다. 하지만 매일 붙잡혀 얼어 죽은 숫자만큼 모기는 잡혔다. 굼뜨고 성공률은 낮아 보이지만 모기들은 그래도 저녁이면 공간을 넘나들며 먹잇감을 찾는다. 어슴새벽 귓전에서 앵~하는 소리가 천둥소리만큼 크게 느껴진다.

이대로 제멋대로인 날씨가 계속되다 또 어떤 일들이 벌어질까. 아이 손에 붙잡혀 생체실험 대상이 되는 수모를 겪다 얼음 속에서도 살아남는 신 모기들이 출현하는 것은 아닐까.

그새 아이는 생명이 빠져나가 한없이 가벼워진 모기 주검들을 모아 조촐한 다비식茶毘式을 치르고 있다.

(2010. 7)

도토리 줍는 할머니

우체국엘 들러 편지를 부치고 돌아오는 길, 집까지 걷기로 했다. 좀 멀다 싶지만 거리에 사람도 뜸하고 자박자박 내리는 비가 싫지 않았다. 어제까지 늦더위로 숨이 턱까지 찼는데 거짓말처럼 하룻밤 사이에 뺨에 닿는 바람이 서늘하다.

동네 카페에 들러 진한 향의 에스프레소 한 잔을 시켜놓고 거리를 오가는 사람 구경이라도 할까 했지만 이내 그만두었다. 지천명을 코앞에 두고도 혼자 음식점이든 영화관이든 사람 모이는 곳엘 가지 못한다. 아직도 한창때처럼 누군가의 시선을 받으면 괜히 발걸음이 덤벙거리고 뻣뻣해진다. 생리적 나이와 상관없이 마음은 도무지 세월을 느끼지 못하는 까닭이다.

회화나무 꽃이 떨어진 곳마다 자리 잡는 꼬투리를 보며 걷다가 화단을 서성이는 할머니를 보았다. 초등학생처럼 작은 키, 우산과 배낭을 한 손에 움켜잡고 이리저리 바닥을 훑으며 걸음을 뗀다. 연신 사방을 살피는 모습에 잃어버린 물건을 찾는가보다 했는데 할머니와 거리가 가까워졌을 때 알았다.

 할머니는 근처 참나무에서 떨어진 도토리를 줍고 있는 중이다. 검버섯으로 얼룩진 힘줄이 툭 불거진 손안에 깍정이 벗겨진 도토리가 들어있다. 날씨라도 쾌청하면 가방을 내려놓고 쉽게 주우련만 비 오는 날도 상관없이 화단을 헤집는 할머니의 사연은 뭘까.

 갈참나무와 상수리나무 그리고 외래종인 루브르참나무까지 갖추고 있는 아파트 화단은 가을이면 갖가지 모양을 한 도토리들이 떨어진다. 아이들 손에 들어가면 공깃돌이 되기도 하고 비둘기를 향해 돌팔매가 될 때도 있다. 운 좋게 화단에 떨어진 도토리 중 흔치 않게 싹을 틔우는 것을 본 적도 있다. 그러나 누군가가 애써 시간을 내 주워야 할 양식거리가 될 거란 생각은 하지 못했다.

 아마도 아파트의 풍광을 돋보이게 하는 조경수로 생각한 탓일 것이다. 그런데 할머니가 옹송그린 등을 펴지도 못하고 바닥을 훑으며 줍는 도토리가 보석이라도 된 양 나도 여기저기를 살피게 되었다. 물 고인 곳에 떨어진 것은 속까지 스민 수분으로 곧 썩어 안 될 것 같고 그나마 흙이나 나뭇잎 위로 떨어진 몇 개를 주워 할머니한테로 다가갔다.

가까이 다가가도 인기척을 못 느낄 만큼 도토리 줍는 것에 집중했는지 할머니는 내가 손을 내밀자 시선을 들어 올린다. 내 손바닥에 놓인 거무튀튀한 도토리를 보자 겸연쩍게 웃는다. "그냥 썩응께. 아까워서…." 말은 그렇게 해도 얼른 가방 입구를 여는데 가방 바닥에 제법 도토리들이 깔려 있는 걸 보면 할머니는 도대체 언제부터 이러고 있었넌 걸까.

미국 애틀랜타에 살고 계신 시이모님은 한국에 올 때마다 도토리 가루를 잔뜩 가져오곤 했다. 근처에 사는 미국인들은 다람쥐나 청설모의 먹이라며 줍지도 않지만 사람이 먹을 수 있다는 생각조차 안 한다고 한다. 말도 통하지 않는 백인들 틈에서 시이모님의 외로움은 뼛속까지 스며들어 향수병을 앓으셨다. 보다 못한 사촌 시누이는 뒤뜰 한켠의 잔디를 걷어내고 작은 텃밭을 꾸며 주었다. 그곳에 고추 모종도 심고, 방울토마토와 가지까지 고랑을 만들어 심은 후론 조금 나아지셨다.

슬하에 딸만 둔 시이모님은 창살 없는 감옥살이라며 미국생활을 진저리치시지만 한 번 오실 때마다 묵 장사를 해도 될 만큼 푸짐한 도토리가루는 반가웠다. 그래서인지 도토리만 보면 시이모님이 떠오른다.

할머니가 내게 받은 몇 알 되지도 않는 도토리를 귀한 물건 다루듯 하는 모습을 본 나는 또다시 주변을 두리번거렸다. 평소엔 그리 흔하던 열매가 술래잡기라도 하듯 꼭꼭 숨어 보이질 않는다. 그런 내게 할머니는 또 "그냥, 심심해서 나왔다가 있길래…." 하며 말끝을 흐린다.

눈치 빠르지 못한 나는 그제야 낯선 이가 곁에 있는 게 불편할 수도 있겠다는 생각이 들었다. 당신 스스로 뭐라도 해 볼 요량으로 우산까지 받쳐 들고 나왔는데 길가다 말고 할머니의 계획 속으로 무단 침입한 존재가 반갑지만은 않았을 것이다. 엉거주춤한 자세로 서 있던 난 짧게 목례를 하고 집을 향해 돌아섰다.

할머니가 생활비를 아끼기 위해 도토리를 줍는 것은 아닐 것이다. 산업역군으로 젊은 날을 건너오며 몸에 밴 근검절약 습관에서 우러나오는 행동일 거다. 친정엘 가면 베란다에 손톱만 한 산 밤이 펼쳐져 있을 때가 있다. 친정어머니가 산책길에 땅에 떨어진 것들을 하나 둘 주워온 것이다. 벌레 들지 않은 것을 골라 삶아 정성껏 껍질을 벗겨 손자들 앞에 내놓았다. 그러면서 행여 초라한 모양새 때문에 거부당할까 늘 약도 치지 않은 자연산임을 강조한다.

  부모의 몸에 밴 절약은 당신들을 위한 게 아니다. 아끼지 않으면 안 된다는 절박함이 DNA 속에 각인될 만큼 물자 부족을 온몸으로 견디며 살아온 삶의 이력일 것이다. 그들의 희생을 자양분 삼아 물질의 풍요를 누리면서도 마음 한켠 채워지지 않는 갈증은 왜일까. 바닥에 떨어진 열매조차 소중하게 생각하는 마음이 궁상맞다고 치부하며 산 탓일까.

  돌아보니 할머니는 아까보다 더 등을 동그랗게 하고는 여기저기 풀숲을 살피고 있다. 먹이를 찾아 갯벌 속에 부리를 넣고 저어대는 한 마리 저어새처럼.

(2011. 10)

마음으로 듣는 소리

팔당대교를 건너자 오종종한 들꽃들이 먼지를 뒤집어쓴 채 길섶을 메우고 있다. 소롯한 길을 벗어나니 '다산 유적지'란 큼지막한 이정표가 턱 하니 나타난다. 마치 절 문을 지키는 사천왕처럼 큰 눈 부라리며 서 있는 이정표는 맥없는 덩치와 밋밋한 모양새로 보는 이를 김빠지게 한다.

여유당 초입은 오붓한 담을 따라 이어진다. 양쪽으로 다산의 저서들을 본떠 만든 조각 기둥이 사열하듯 서 있다. 솟을대문을 들어서면 시야가 확 트인다. 문 왼쪽엔 다산을 기념하는 장소가 아담하게 세워져 있고 여유당 뒷동산에 그의 묘지가 있다. 돌계단으로 이어진 다산의 묏자리는 볼수록 비경이다. 여유당이 지긋하게 내려다보이고 멀리 두물머리가 한눈에 들어온다. 풍수를 따르지 말고 원하는 곳에 묻어 달라 했다는 다산의 혜안에 감탄이 절로 새나온다. 부인 홍 씨와 합장한 묘 앞에 참배하고 곡장을 따라 오롯한 길을 걸어 내려왔다.

여유당與猶堂이라는 편액이 걸린 다산의 거처는 소박하다. 넓지 않은 앞마당을 사이에 두고 사랑채와 안채가 마주 보고 있는 집은 어릴 적 살았던 시골집을 빼닮았다. 외양간 옆으로 항아리들이 다소곳이 모여 있는 장독대는 그대로 옮겨놓은 것 같다. 어린 내가 숨겨놓은 딱지며 사금파리들이 구석 어딘가 고스란히 있을 것만 같은 착각을 일으켰다.

여유당 곁엔 수령이 오래인 듯한 느티나무가 초록을 뿌리고 서 있다. 밑동 굵은 나무는 여유당의 부침을 지켜봤을 것이다. 하지만 이번에 여유당을 찾은 것은 다산을 느끼기 위함이 아니다. 그의 오랜 귀양살이 동안 집안과 자녀를 건사한 한 여인의 숨결을 느끼고 싶었다. 부부의 삶에 18년이란 세월은 짧은 시간이 아니다. 열다섯의 다산을 지아비로 만나 그의 영욕을 오롯이 지켜봐야 했을 그녀의 가슴 속이 온전했을까.

세월이 변했다지만 부부의 연을 맺는다는 것은 상대와 모든 것을 공유한다는 뜻이다. 특히나 경제적 어려움을 비롯해 이런저런 이유로 이혼율이 급상승 중인 요즘 그녀의 지아비에 대한 헌신과 인내는 더욱 빛을 발한다.

한 달 가까이 다산의 일대기와 그의 저서를 읽었다. 지독하리만치 꼼꼼한 독서습관과 기록에 관한 부분은 마냥 부럽기만 하다. 자식을 향한 부정은 알알이 글로 엮어졌지만 정작 아내에 대한 표현은 인색하다. 아닐 것이다. 염치없고 미안해 차마 글감으로 삼지 못했을 것이다.

한집안의 가장이 대역죄인 되어 유배지로 떠난 집안을 어느 누가 들여다보며 양식 걱정을 해줬을까. 죄인이 된 아비로 인해 벼슬길에 나갈 수 없는 자식 눈을 어떻게 마주 받을 수 있었을까. 하루하루가 살얼음판 위를 걷듯 불안하고 초조했을 것이다. 그녀의 삶을 글로 쓰자면 열다섯 권 분량의 대하소설이 탄생했을 텐데. 그 시절 여인의 삶 따위를 기록한다는 것 자체가 사치였을 것이다. 왠지 억울한 심정이 드는 것은 같은 여자라는 동질감 때문이겠지.

여유당에서 멀지 않은 수종사를 찾아갔다. 만약에 내가 그녀 상황과 같은 처지였다면 가까운 절집이라도 찾아 응어리진 마음자락을 풀어야만 칠흑 같은 세월을 견딜 것 같기 때문이다. 산길을 오르는데 숨이 턱까지 차오른다. 그녀도 가슴에 맺힌 한을 한숨처럼 내쉬며 절문까지 올랐을까.

멀리 있는 남편의 건강과 하루하루 기울어가는 살림살이, 세상의 눈을 피해 잔뜩 움츠러든 자식들 건사와 무너지려는 자존심을 꼿꼿하게 세우는 일, 어느 것 하나 무겁지 않은 것은 없으나, 조강지처답게 처신했을 것이다. 수종사 대웅전 부처님 앞에 엎드려 어깨를 짓누르는 무게를 견뎌낼 수 있는 힘을 달라 빌고 또 빌었을 것이다.

조선이란 나라에서 양반가의 안주인으로 산다는 것은 인고의 시간을 채워나간다는 의미였을 것이다. 유교란 이념 아래 남성의 조력자로 존재한 여성의 삶은 고단함의 연속이었을 테니까. 지구의 반이 남자면 나머지는 여자일 텐데, 천하를 감쌀 만큼 배짱 지닌 여걸들이 있다 한들 역사에 사연 한 줄 남기는 일이 쉽지 않았음을 안다.

현모양처의 표본 같은 신사임당이 있지만 어디까지나 율곡이란 아들을 잘 키웠다는 것에 초점이 맞춰있고 시문이 뛰어난 허난설헌은 짧은 삶이 불행했다. 다산이 유배지에서 수레에 싣지 못할 만큼 많은 양의 집필에 몰두할 때 그녀는 수없이 질문을 드나들며 기도하지 않았을까.

수종사에서 내려다본 두물머리는 여전히 유유하다. 마침 재齋가 있는지 대웅전에 소복을 갖춰 입은 사람들이 들어서 있다.

요령 소리, 염불 소리 가득한 법당에서 절 올리는 사람들 뒤태에 실린 지극함을 지켜본다. 고단한 모습으로 하루를 열고 닫았을 그녀도 같은 자리에서 절을 올리지 않았을까. 삶은 그녀가 바라던 대로 이어졌는지. 어쩌면 수종사의 종소리는 절절한 소망 간직한 사람의 귀에만 들리는 피안의 신호음은 아닐까.

(2008. 11)

꽃 피는 공중전화*

공중전화부스에 중년 여인이 들어 있다. 양손으로 수화기를 감싸 안고 시선은 한 점에 고정한 채 통화 중이다. 간간이 고개를 끄덕이고 입꼬리가 오르내리나 싶더니 양 볼이 실룩거린다. 전화선 너머 수화기를 들고 있을 상대가 궁금해진다.

가산디지털단지역으로 이름이 바뀐 가리봉역을 지나다 보면 심심치 않게 보게 되는 장면이다. 근처에 일터를 둔 중국교포이거나 이주 노동자일 때가 많다. 공중전화부스 안에서 잔잔한 여인의 웃음소리가 흘러나온다. 자식이 학교에서 우등상이라도 탄 걸까. 아니면 엉킨 실타래 같던 문제가 말끔히 해결됐단 소식을 듣는 걸까. 갑자기 그네 곁으로 달려가 함박꽃 같은 웃음에 동참하고 싶어진다.

휴대전화기를 구입한 후부터 공중전화 사용이 뜸해졌다. 역주변에 일렬로 서 있는 공중전화가 그림 속 풍경처럼 느껴진다. 공중전화부스 앞마다 길게 줄 섰던 사람들은 모두 어디로 갔을까. 이제 더 이상 누군가에게 사연을 전하지 않는가. 아닐 것이다. 손안에 쏙 들어차는 휴대전화기의 등장 탓이리라.

요즘은 한 달이 멀다 하고 새로운 기능이 보태진 신제품이 출시되어 전화라기보다 패션 아이콘 같은 역할을 한다. 하지만 휴대 전화기가 부를 상징하던 시절이 있었다. 개구쟁이들이 갖고 노는 워키토키처럼 생겼던 초창기 휴대전화기는 묵직한 무게감만큼이나 재력을 겸비했을 것만 같은 중년남성의 소유물일 때가 많았다. 전업주부로 사는 내게 휴대전화기가 생겼을 때 어린아이처럼 환호했다. 외출할 때는 영업사원처럼 어디든 들고 다녔다. 잠시 잠깐이라도 누군가 연락했을 때 놓치기라도 할까 조바심이 나고, 단 한 번의 울림도 없이 하루가 저물 땐 고장이라도 난 게 아닐까 켜보기도 했다.

거리를 걷다 보면 내 모습을 복제라도 한 것처럼 너도나도 손안에 전화기 쥔 사람들을 본다. 가랑비에 옷 젖듯 어느새 작은 기계에 길들여져 로미오와 줄리엣의 사랑이 서러울 만큼 떼려야 뗄 수 없는 관계가 되었다. 상대적으로 거리에 놓인 공중전화는 퇴락한 폐가처럼 쓸쓸해지더니 하나둘 자취를 감추기 시작했다. 그러나 위기가 기회이긴 기계도 마찬가지인지 숫자가 줄어든 대신 그곳에도 영락없는 진화의 물결이 흔적을 남겼다. 동전이나 지전만이 아닌 카드를 꽂을 수 있게 되더니 외양도 하루가 다르게 세련된 모양새로 탈바꿈했다. 누군가 수화기를 들고 가슴에 담아 두었던 얘기를 꺼내 놓는 순간 모두 받아줄 것처럼 다소곳하기도 하다.

손안에 전화기를 들고 다니며 애써 상대의 번호를 외우지 않는다. 저장되어 있는 번호를 검색하거나 단축기를 눌러 동화를 하다 보니 굳이 머릿속을 헤집으며 번호를 불러낼 노력조차 하지 않는다. 하지만 공중전화를 사용하려면 약간의 수고가 필수다. 수첩을 꺼내 번호를 찾거나 기억 속에 입력된 것을 찾아내느라 잠깐 숨 고르며 생각해야 한다. 그런데 휴대전화는 그 잠깐의 수고도 하지 말란다. 세월의 흐름을 막지 못하듯 점점 퇴행하는 기억력을 생각하면 달콤한 유혹 아닌가.

말 잘 듣는 아이처럼 기계가 시키는 대로 따라 한다. 그런데 얼마 전부터 문제가 생겼다. 글자판 중 쌍자음을 만들 때 사용하는 별(*) 표시가 접촉 불량인지 눌러도 작동하질 않는다. 자연히 문자 찍는 시간이 늘어나고 글자가 표시되는 화면을 재차 확인한다. 그래 봐야 몇 초에 불과할 정도로 짧은 시간인데 제대로 입력되지 않는 것이 영 못마땅하다. 갑자기 애지중지하던 전화기가 퇴물이 된 것 같은 시뜻한 심정이 된다. 손바닥 뒤집는 것만큼이나 쉽게 변하는 마음이라니.

편리함을 가장한 채 생활 속을 파고드는 기계의 위력은 이만저만이 아니다. 일을 처리해내는 속도감에 취해있다 보면 기다림은 한순간도 내 안에 있었던 적이 없던 것처럼 찾아볼 수가 없다. 가뭄에 드러난 논바닥처럼 바싹 마른 감정 상태는 늘 갈증만 불러일으킨다. 최신식이란 표제를 달고 세상에 나오지만, 사람의 마음을 차지하는 시간은 짧기만 하다.

더 이상 앞사람의 길어지는 수다에 신경을 곤두세울 필요도 없고 언제든 전화도 걸 수 있게 됐는데 뭔가 잃어버린 듯한 마음은 무슨 조화 속일까. 갑자기 쏟아지는 비를 피하기 위해 들어선 공중전화부스, 수화기를 들어 귀에 대본다. 투입구에 돈을 넣으면 당장에라도 달릴 준비가 된 충실한 말처럼 우직하다.

가난한 연인들의 밀어, 그리운 고향소식에 목마른 젊은 여공들의 절절한 사연, 사춘기 소녀들의 때 묻지 않은 수다로 꽃피던 공중전화의 전성기는 저물고 있다. 그러나 지금껏 그래왔듯 변신을 거듭하며 우리 곁에 있기를 바라는 마음이다.

여전히 통화 중인 중년의 여인에게 공중전화는 고향으로 향하는 비상구일 것이다. 타국에서 맞닥뜨려야 할 편견과 외로움을 잠시나마 잊게 해주는 쉼터 노릇까지 묵묵히 해주고 있다

(2009. 11)

* 꽃 피는 공중전화: 김경주의 시

사서 고생

 너글너글하고 활달한 장돌뱅이 같은 자배기가 베란다 한구석을 차지했다. 외양은 그래도 네 포기나 되는 수련을 품고 있다. 햇살이 닿자 수련은 도르르 말린 잎을 조금씩 펼치고 있다. 그런데 며칠 몰라라 했더니 물이 말랐다. 구순한 형제처럼 이파리들이 진흙에 달싹 붙어 있다. 호스를 자배기 한쪽에 대고 수도를 틀었다. 봇물처럼 쏟아지는 기세에 자배기 안은 황톳빛 풍랑이 인다.
 지난겨울 동료에게서 문자 한 통을 받았다. 시댁에서 키우던 연을 분양하려는데 선착순이란다. 사실 답 문자를 보낼 때만 해도 아파트 베란다 크기에 어울리는 자그마한 화분이려니 했다. 곧 당첨이란 문자와 함께 친절히 배달도 해주겠단다.

김장할 때나 쓰임 직한 크기의 자배기는 진흙으로 채워져 있고 수련의 마른 줄기는 예제 없이 엉키어 어지러웠다. 물을 뺐는데도 족히 30킬로그램은 되는 듯 묵직한 자배기를 베란다 한쪽에 들였다.

지저분한 낙엽들과 썩은 수련 줄기를 정리하고 보니 진흙 속에 연만 있는 게 아니었다. 셀 수 없이 많은 물고둥, 시커먼 거머리, 실지렁이 등 온갖 생명이 바글대며 진흙 속에 몸을 의탁하고 있는 것이다.

자배기 안에 공생하는 생명체들은 내 결정에 따라 살 수도 죽을 수도 있다. 그들의 생명줄을 쥐고 있다 생각하니 결정은 유보되고 가끔 남편이나 아이들에게 슬쩍 떠넘기기도 했다. 누군들 생명 앗는 일이 좋을까. 모기 한 마리를 죽일 때도 찜찜함이 남는데 자배기 안에 담긴 녀석들은 사실 내게 아무런 해도 끼치지 않는 존재들이다. 주어진 환경 속에서 무탈하게 살았을 뿐인데 내게 온 순간 갑자기 무법자 같은 존재가 된 것이다.

결국 이러지도 저러지도 못하다 봄을 맞았다. 겨우내 꿈쩍 않던 수련 포기마다 새순을 내놓기 시작하였다. 동글납작한 수련 잎이 수면에 찰싹 달라붙자 흉물스럽던 작은 것들의 모습이 가려져 보이지 않게 되었다. 그사이 번식을 거듭한 물고둥만이 제 세상 만난 듯 활개치는 모습뿐이다. 배영을 하듯 몸을 뒤집어 수면을 유영하는 물고둥은 평화롭게 보이기만 했다.

진흙 속에 콕 박혀 모습을 드러내지 않던 미물들이 간혹 수련 잎 뒤에 붙어 있다. 그것들을 발견할 때마다 천둥에 개 뛰어들 듯 하는 것은 덩치 큰 내 쪽이다. 오늘은 기필코 저 꿈틀대는 것들을 하다가도 이내 무슨 죄가 있다고를 읊조리며 돌아선다. 애초에 만개한 연꽃만을 그리며 덥석 받아 챙긴 대가일 것이다.

심란해하는 나를 위로한답시고 남편은 미꾸라지 몇 마리 사다 넣자고 한다. 혹시 있을지 모를 모기 유충이나 작은 벌레들을 미꾸라지가 잡아먹을 거라나. 타는 불에 부채질한다더니 꿈틀대는 것만 보면 손발이 오그라들 것 같은데 진흙 속을 헤집고 다닐 미꾸라지를 지켜보란 말인가. 말허리를 뚝 끊고 냉큼 퇴짜를 놓았다.

미물에 불과한 오글거리는 것들 목숨을 지켜줘야겠다는 생각은 해본 적 없다. 생명 지닌 것은 뭐가 됐든 살 이유가 있는 거라고 떠들어대던 지난날 내 모습은 온데간데없다. 그나마 한 계절 무사히 보낸 것은 어떻게 손 쓸 수 없을 만큼 불어난 숫자에 기가 눌린 탓이다.

  문득 내가 겪고 있는 갈등의 실체를 떠올리자 허탈한 웃음이 새나온다. 생명체를 대할 때조차 인간 중심적인 기준을 들이대는 편협함이라니. 목숨이 붙어있는 한 그 종이 무엇이든 살고 싶지 않겠는가. 저 생긴 방식대로 살아갈 뿐인 것을 내가 왈가왈부한다고 변할 일이 아니다.

  자배기는 하루가 다르게 수련 잎으로 채워지고 있다. 그 덕에 꿈틀대는 것들을 안 봐도 된 것은 좋은데 혹시 햇빛이 모사라 뭔 일이 생기는 것은 아닐까 괜한 걱정이다. 슬쩍 수련 잎을 들어 올려주다 "엄마야!" 소리가 툭 튀어나왔다. 휴식을 취하는 것인지 먹이 사냥을 하는 것인지 길게 몸을 늘인 거머리 한 마리에 시선이 꽂혔다. 놀란 정도로 따지면 거머리도 만만치 않았는지 눈 깜짝할 사이에 모습을 감추고 말았다.

  아무리 미물이라도 상대가 자기를 혐오하는지 예뻐하는지 알아챌 만큼 눈치라는 게 있나 보다. 난 그저 햇빛 부족으로 탈 날까 모처럼 마음을 낸 것뿐인데. 겨우 펴지려던 조막손이 다시 오그라든다. 이론과 실제의 간격을 메우는 것이 생각처럼 쉽지 않다. 괜한 욕심 때문에 사서 고생 중이다.

                                                    (2010. 5)

사막에 그녀가 산다

지도를 펼쳐 중국 북부 몽골 자치구인 네이멍구 마오우쑤 사막을 찾는다. 사하라를 통째로 옮겨 놓은 듯 온통 모래 세상인 그곳에 그녀가 산다. 아줌마의 뚝심으로 사막을 초록 숲으로 만든 여인 인위쩐. 방송작가인 이미애 씨 손끝에서 태어난 《사막에 숲이 있다》에는 한 여인의 인생이 여덟 폭짜리 병풍처럼 펼쳐져 있다.

재산이라곤 토굴뿐 배움도 짧은 순박한 사막 남자 바이완샹과 부부 연을 맺은 후 그녀는 원초적 모성으로 땅을 품었다. 풀 한 포기 나지 않고 오가는 사람의 그림자 하나 없는 곳에서 절망하는 대신 살맛 나는 공간으로 만들기로 한다. 하지만 동서남북 어디를 둘러봐도 모래뿐인 곳에 나무를 심기로 작정한 그녀의 생각은 결코 현실에서 이루어질 가능성은 없어 보였다.

시작한 순간은 무모했지만 믿을 수 없는 결과를 낳았다. 모래바람에 온몸이 찢기는 고통 속에서도 오뚝이처럼 일어나 나무를 심는 그녀의 열정 앞에 자연이 순응하기로 작정한 것처럼.

장 지오노의 《나무를 심은 사람》에도 타인의 시선일랑 아랑곳하지 않고 나무를 심는 노인이 등장한다. 오며 가며 도토리를 심는 노인의 소망 역시 소박하리만치 작은 거였다. 전쟁으로 황무지가 돼버린 땅, 사람들이 버리고 떠난 땅에 원래 모습을 찾아주고 싶은 꿈. 도토리 한 알을 땅속에 묻으며 울울창창한 예전 숲을 떠올렸을 노인은 그저 묵묵히 생명이 움트길 기다리는 한마음뿐이었다.

사막에 나무를 심겠다고 덤벼든 인위쩬의 소망처럼, 내가 살고 있는 주변을 살맛나게 하는 삶이란 얼마나 신바람 나는 일인가. 사람 냄새가 빠진 성공, 목표만을 지향하며 전진하는 삶이란 고단하고 기운 빠지는 일이다.

사막이 아름다운 것은 어딘가 숨어있는 우물 때문이라는 문구 때문에 턱없이 낭만적으로 비치던 땅. 생텍쥐페리의 사막은 어린왕자를 만날 수 있는 신비의 장소였을지 모르나 인위쩐에게 사막은 처절한 삶의 현장이다. 물 한 동이를 얻기 위해 하루 종일 모래구덩이를 파내고, 조금씩 솟는 물을 동이에 채워 넣기 위해 기다리는 시간은 그녀를 더욱 강건하게 만들었을 것이다.

수도꼭지 틀면 콸콸 쏟아지는 물세례 속에 사는 사람은 모른다. 생명수나 다름없는 물을 나무 밑동에 조심조심 부으며 무엇을 기원했을까. 드센 모래 폭풍을 견뎌내고 푸른 그늘을 만들어 그녀의 아이들이 자랐을 때 너른 품으로 안아 달라는 것이었을까. 아니면 그저 꿋꿋이 살아만 달라는 것이었을까.

봄이면 중국뿐 아니라 우리 하늘을 뿌옇게 뒤덮는 황사의 진원지로 원성을 사는 곳에 그녀가 산다. 드넓은 사막은 자연이 인류에게 보내는 경고장이며 최후독촉장일 것이다. 똑같은 풍광만 이어지는 곳일망정 희망은 살아있는 걸까. 끈을 놓지 않으면 꿈이었다고 생각했던 것들이 발아될까. 그녀가 심은 것은 나무가 아니라 희망이었다. 질긴 모성이 빚어낸 결과이기도 하다. 이타적인 삶을 꿈꾼 적은 없었지만 그녀의 무념이 이뤄낸 신기루 같은 일이 현실이 되었다.

때때로 바쁘게 흘러가는 시간 속에 계획했던 일이 제대로 풀리지 않아 가시밭에 갇힌 듯한 절망을 느낄 때가 있다. 그럴 때 책장을 펼쳐 그녀를 만난다. 사막의 모래바람에 치여 외모까지 변해버린 그녀의 몸에서 푸른 가지가 돋아나는 것 같다. 가지마다 매달린 푸른 이파리들은 푼푼한 그녀의 마음 씀씀이 결과일 것이다. 투미한 짓이라 외면했던 사람들은 금맥이라도 발견한 양 그녀를 추어올렸지만 생활이 크게 달라지지 않은 그녀는 백양나무를 닮아가고 있었다.

황사 바람이 기지개 켜는 마오우쑤 사막, 그곳에 팔뚝 굵은 아줌마가 산다.

(2008. 5)

그녀 목소리

"○○은행입니다. 고객님의 신용카드 비용이 연체되었습니다. 상담을 원하시면 9번을 눌러 주세요…"

전화선 너머 그녀가 궁금하다. 시시때때로 들려오는 그녀 목소리는 어눌하다. 일주일이면 서너 번씩 부동산 정보다, 경품 당첨이다, 국세청 환급이다, 뜬금없이 전화가 걸려온다. 그런데 이젠 시중 은행을 사칭해 카드빚이 연체됐다는 전화까지 가세했다. 사용한 일도 없고, 거래하는 곳도 아닌데 순간적으로 움찔한다. 그녀는 자신의 목소리가 어떤 감정을 낳는지 상상도 못할 것이다.

그녀는 대상을 가리지 않는다. 촌로서 부터 도심 속 사람들까지. 그녀 목소리는 마력이 있나 보다. 목소리만으로 상대 주머니를 털어간다. 자신의 손으로 몽땅 집어주고 난 후에야 목소리의 실체를 깨닫는다. 은행은 비상이다. 드러내지 않고 목소리만으로 사기를 치니 잡을 수가 없다. '현금 날치기를 조심하라는 경고 문구 대신, 단말기마다 국세청 환급이나 카드빚 연체로 인한 전화를 조심하라는 경고문을 부착했다. 하지만 효과는 의문이다. 뉴스 시간마다 사기 관련 사건은 빠지지 않는 메뉴다. 시장 경기가 나쁠수록 극성떠는 사기사건, 어제오늘 일이 아니지만, 요즘은 도처에 지뢰가 깔린 것 같다.

그녀는 지뢰나. 언제 어디서 뻥하고 터질지 가늠할 수조차 없다. 대부분 전화 발신지가 중국 쪽이라니 그럼 그녀는 그곳에 사는 교포일까. 어쩌다 한글을 안다는 것 때문에 사기단에 말려들었을까.

청년실업 문제로 골머리 앓는 우리처럼 중국도 고학력자들의 미래가 불투명하다고 한다. 가슴에 품은 꿈을 펼칠 기회조차 없는 요즘 젊은 세대의 절망 어린 한숨은 그칠 줄 모른다. 혹시 그녀도 고등교육을 받고 막 사회에 발을 내디딘 것은 아닐까. 내레이터를 꿈꾸며 화술 훈련받은 게 악용된 것은 아닐까. 본인도 모르게 찍힌 사진들이 인터넷을 떠도는 경우가 흔한 세상이니 그녀의 목소리도 그런 걸까. 하지만 이쪽저쪽 어떻게 생각하든 그녀는 사기단의 일원일 뿐이다.

매스컴은 친절하다. 발 빠르게 사기당한 사람들을 찾아내 과정을 재현해 준다. 차근차근 설명 보탠 그림까지 보여주며 이렇게까지 알려주는 데도 당하면 바보다, 채널 돌리지 말고 끝까지 보고 알아서 하라는 무언의 압력을 행사하는 것처럼 여겨진다.

내게 큰 해만 되지 않는다면, 참고 견디면 되는 줄 알았다. 그런데 양보의 미덕이 인내의 달콤함이 더 이상 통하지 않는 세상이다. 두 눈 크게 뜨고 있어도 낯빛 하나 바꾸지 않고 속이려 드니 작은 일에도 새가슴이 된다.

그녀는 짐작도 못 할 것이다. 자신의 목소리가 하루 기분을 얼마나 찜찜하게 하는지, 소소한 일상을 꿈꾸는 서민들 가슴에 어떤 생채기를 내는지. 세상을 향한 문마다 걸어 잠글 수도 그렇다고 높다랗게 담을 쌓을 수도 없다. 시간이 흐르고 나면 제자리로 돌아갈 일을 가지고 호들갑 떠는 거라면, 드라마 속 이야기라면 좋으련만. 그녀는 세계화 바람 속에 태어난 사생아다. IT 강국이라는 달콤한 미사여구에 빠져있는 동안 틈새를 비집고 자라난 독毒이다. 눈치채지 못하는 사이 이 땅에 터를 잡으려 한다. 세를 불리기 전에 싹을 잘라야 한다. 초반에 제거해야 부작용이 덜한 암세포처럼 어디에도 발 디딜 곳이 없다는 걸 인지해야만 물러날 것이다. 최첨단, 최고라는 허상에 매달려 물질만 채우려 드는 우리 모습이 그들 눈에 어찌 비쳤을지 낱낱이 보여주고 있는 요즘이다.

무작위로 연결되는 전화 속에 그녀가 산다. 주어진 각본대로 잘 해냈다고 환영받거나 박수를 보내는 사람도 없다. 어떤 사연을 품고 타인에게 피해 주는 일을 하는지. 자신이 읊어대는 문장들이 무엇을 의미하는지 제대로나 알까. 혹여 그녀도 사기단에 속아 자신의 이력을 더럽히고나 있는 것은 아닌지.

물질을 좇아 통제를 잃을 때면 여지없이 그녀의 목소리가 귓전을 때린다. 전화선을 타고 사냥감을 찾아다니는 그녀가 사라질 날은 당분간 요원해 보인다.

(2007. 10)

모과 하나가

　구붓한 나무 한 그루가 있다. 온갖 모양새로 멋을 낸 침엽수가 늘비한 가운데 갸름한 이파리를 달고 서 있다. 밑동에서 세 갈래로 갈라지며 다소 여위어 보이나 나름 날렵한 몸피를 간직하고 있어 오가는 사람들에게 시선을 받는다.
　햇살이 거리낌 없이 쏟아지는 마당 한가운데 망부석처럼 서 있는 나무를 봤을 때 생뚱맞다는 생각이 먼저 들었다. 솜씨 좋은 정원사 손길이 스쳐 간 침엽수들 사이에 한 그루 활엽수, 겨울이면 이파리 떨군 줄가리마다 찬바람만 머무는 풍경은 을씨년스럽다. 상록수 일색인 주변과 영 어울리지 않는 모양새가 문간방에 세 들어 사는 것처럼 빙충맞기도 했다. 하지만 누구도 눈치채지 못한 사이 나무는 은근한 기를 뿜어내고 있었다.

지난해 약을 진하게 쓴 탓인지, 그간 써오던 것을 바꾼 탓인지 이파리가 배배 비틀리고 신열 오른 것 마냥 몸살 앓는 나무를 보았다. 그대로 말라 죽을 줄 알았다. 한 계절 내내 생과 사의 길목에서 고군분투하는 모습이 애처로워 오갈 때마다 마음을 내 주었다.

봄이면 가녀린 여인의 청초롬한 자태 같은 연분홍 꽃을 내놓는다. 턱없이 곱고 여린 꽃송이는 보는 이의 넋을 빼기에 족하다. 붉디붉은 명자꽃의 요염함이나 수절하는 여인네 뒤태 같은 목련의 숙연함과는 다른 수줍어 어씨시 못하는 모양새로 피어난다. 하지만 꽃 진 자리마다 연둣빛 알맹이를 내놓고 나면 얘기는 달라진다. 연분홍 꽃잎과 도무지 어울리지 않는다. 이리저리 주물럭대다 대충 빚어 놓은 듯 못나고 어디 한 군데 균형 잡힌 모습이라곤 찾아볼 수 없는 추물을 세상에 내놓는다. 성질머리는 어찌나 못됐는지 칼끝도 주저할 만큼 단단하다. 성형한 부모 밑에 태어나 눈총받는 자식처럼. 그럼에도 가지가 휘어질 만큼 소도록하게 열매 단 품은 흥부 마누라가 환생이라도 한 것 같다.

새댁시절처럼 세상 물정 몰라 하는 일마다 야물지 못하고 어설프기만 하던 봄을 보내고 나면 서서히 드러난다. 여름을 열며 신고식마냥 치르는 장마에도 나무는 꼿꼿하다. 세찬 바람이 가지를 툭툭 분지르는 만행을 저질러도 주저앉지 않는다. 비루 맞은 것처럼 듬성듬성해진 가지를 추슬러 이파리를 내놓아 광합성을 하게 만들고 까칠하던 몸피는 잘 단련된 근육마냥 부지런히 물관과 체관을 오가며 양분을 운반한다. 이파리들이 반짝거리며 제 할 일 다 하는 한여름을 넘기면 옆구리마다 개구쟁이 민머리 같은 연둣빛 열매가 서서히 부풀어 오른다.

기어이 감춰두었던 모성이 세상에 드러나는 시기가 오고야 만다. 감때사나운 사내의 주먹 같은 뒤웅스런 모양새일망정 울레줄레 달린 열매가 제각각 존재를 드러내기 시작한다. 제 입으로 넣을 것 없이 모두 열매로 양분을 보내다 보니 가지는 찢어질 듯 휘기도 한다. 가을이 깊어 가면 알 수 있다. 여름내 붙들고 있느라 가지마다 옹이 지고 허출해진 어미 나무의 모성을.

따가운 햇볕이 구석구석 비추던 날이다. 여위어 가는 나뭇가지 이파리 사이에 어른 주먹보다 큰 모과 하나가 눈에 들어왔다. 남의 품에 든 자식 빼내오듯 앙칼지게 모과 꼭지를 돌려 떼어냈다. 접착제라도 발라 놓은 듯 질기게 매달려 있다. 가지와 붙어 있던 곳에서 짙은 향이 난다. 어미 품을 떠나며 흘리는 모과의 탄식은 아닐까. 여름내 지어놓은 농사를 한순간에 빼앗겨버린 나무의 서러움이 짙은 향내를 풍기는 것은 아닌지.

거실 한켠에 잘 익은 모과를 놓았다. 곁을 지날 때마다 희미한 향이 코끝을 자극한다. 나무에서 떨려 나와 내 집 거실에 터를 이뤄도 저 있던 자리를 기억하듯 향을 날리고 있다. 며칠 두었더니 짙은 밤색 반점이 군데군데 생겼다.

더 두었다가는 썩어 버릴 것 같아 썰기로 했다. 단단함은 한 치도 변함이 없다. 마지막 몸부림을 밀쳐내고 잘라보니 연뿌리 같은 집 속에 씨앗들이 옹골차게 들어앉아 있다. 사과 씨보다 조금 큰 듯한 씨앗마다 모과나무 한 그루씩 들어 있을 것이다. 봄부터 시작된 모과의 거친 한살이가 각인되어 있을 것이다. 씨앗마다 어미나무의 모성과 바람이 깃들어 있을 것이다.

씨를 발라내고 얇게 저민 모과 사이사이 꿀을 채워 넣었다. 달콤하고 부드러운 꿀이 과육 속으로 스며들면 딱딱하게 굳었던 마음은 풀어지고 향은 더욱 깊어질 것이다. 울퉁하고 불퉁했던 과거는 잊고 향긋한 모과 향만이 기억될 것이다.

(2008. 10)

아직은 아날로그

휴가지로 떠나기 전 남편은 컴퓨터의 지도 검색창을 연다. 우리가 가야 할 곳을 검색창에 입력하고 '스트리트 뷰' 기능을 통해 길의 방향과 거리 모습을 가상체험한다. 컴퓨터 모니터를 들여다보는 내내 세상살이 점점 편해지네, 라는 느낌과 동시에 헛헛한 마음이 된다.

나날이 성큼성큼 앞서 가는 세상에서 내 발걸음은 왜 이렇게 느리기만 할까. 남편이 스마트폰을 구입해야겠다고 말을 흘리는 순간에도 전화기에 굳이 그리 많은 기능이 필요한 걸까 의문부호만 그려내고 있다.

대학생이 된 축하선물로 아이팟을 받은 큰애는 로또복권에 당첨이라도 된 양 좋아라 한다. 손안에 세상을 담기라도 하듯 아이는 정신없이 정보의 속도에 빨려들었다. 업체는 기계뿐 아니라 이용할 수 있는 애플리케이션을 만들어대고 아이는 새로운 기능을 추가하느라 시간만 나면 컴퓨터 속을 유영한다. 남들보다 한발 앞서 정보를 수집하고 있어야 첨단을 걷는 것인지. 폭포수처럼 쏟아낼 줄만 알지 가치를 따져 걸러낼 줄 모르는 인터넷 세상에서 아이는 잘도 논다.

하루라도 책을 읽지 않으면 입안에 가시가 돋는다는 말은 몰라도 하루라도 인터넷을 하지 않으면 손발이 오그라들 것처럼 행동하는 아이가 은근히 걱정스럽다. 시간만 나면 동네친구들을 불러 모아 놀곤 하던 녀석들이 컴퓨터만 있으면 인터넷 선만 깔렸으면 그만이다. 화면을 향해 고정된 자세는 시간이 어떻게 흐르는지 끼니 때가 됐는지 감각이 마비되는 모양이다.

그러고 보니 나 또한 중독까지는 아니어도 예외는 아니다. 노트북을 장만한 뒤로는 메모지와 필기도구보다 더 끼고 산다. 한글 파일을 열어 생각의 조각들을 화면 가득 쏟아놓고 저장하기 키를 눌러 보관한다. 어디다 적었는지 찾을 필요도 없이 저장된 폴더만 열면 알라딘 램프 속에 사는 요정 지니처럼 짠 하고 나타난다. 마음에 안 들면 삭제키를 눌러 몽땅 지워버릴 수도 있다. 편하기로 치면 일등은 맡아놓았다. 그러나 기억이란 참 묘하다. 방금까지 화면 가득 생각을 펼쳐놓았다. 파일을 닫고 나면 머릿속이 하얗게 비워져 순서도 내용도 기억이 나질 않는다.

기계에 의존하다 보니 뇌 기능이 파업이라도 하나 스스로 기억하는 능력이 떨어졌다. 잠시의 수고로움도 거부해 금세 머리가 아프고 피곤하다.

얼마 전만 해도 남편은 낯선 곳으로 떠날 때면 지도부터 찾았다. 자동차 안에는 새롭게 출간된 지도 한 권이 항상 비치돼 있곤 했다. 조수석에 앉아 남편이 요구하는 대로 지도에 나 있는 길을 찾느라 고욕이었는데 이젠 그것도 과거지사가 돼버렸다.

컴퓨터가 알려준 길을 머릿속에 새겨둔 후 실타래에서 실을 뽑듯 기억의 줄기를 따라간다. 실시간 인공위성에서 보내주는 위치정보를 받아 상세하게 길 안내를 해주는 내비게이션을 사라고 넌지시 권하면 늘 같은 대답이 돌아온다. 길들여지기 싫단다. 기계가 해주는 안내를 받으며 가다 보면 빨리 목적지에 도달할 수 있을지 몰라도 여행하는 맛이 떨어진다는 것이다. 어차피 세상 살아가는데 편리를 좇을 거면서 웬 고집일까 싶었는데 지금은 외려 그 생활이 그립다.

오늘보다 나은 내일을 꿈꾸는 삶에 신기술은 당연한 결과일 것이다. 문명의 이기는 누리라고 있는 것 그러나 속도 조절은 운전할 때만 필요한 게 아니다.

나더러 아날로그 세대라던 친구는 스마트폰을 꺼내 기능을 설명해 준다. 그러면서 스마트폰을 가진 사람들끼리 공유할 수 있는 편리성을 늘어놓는다. 카카오톡을 이용하면 공짜로 소식을 주고받을 수 있고 특히 시간과 장소에 구애받지 않고 대화할 수 있단다.

트위터나 페이스북 같은 실시간 소식을 알 수 있는 계정에 가입도 권한다. 이름만 대면 누구나 알 수 있는 유명인의 팔로우가 되면 모든 소식을 공유할 수 있다나. 세상과 소통하고 살아야지 두더지처럼 혼자 굴 파고 들어앉아 있을 거냐고 묻는다.

누군가는 자신이 알게 된 정보를 인터넷에 올리느라 밤을 지새울 것이다. 클릭 한 번으로 넙죽넙죽 받아 챙기기만 하는 나 같은 사람에겐 발품 팔지 않고도 유용한 정보를 얻으니 인터넷은 세상을 향한 비상구이다.

그러나 내가 생각하는 소통은 막힘없이 뻥 뚫리기만 한 게 아니라 마음과 마음을 나누는 것이다. 온라인상의 투명친구가 아니라 속내를 주고받을 수 있는 친밀감 지닌 사람을 원한다. 배려가 사라진 일방통행 같은 수다는 끼어들고 싶지가 않다.

　고리타분하다는 소릴 들어도 새로운 기종을 다룰 줄 몰라도 아직은 아날로그적인 삶이 싫지 않다.

(2010. 4)

수면제

또 서성인다. 제자리에 두면 좋을 텐데, 매일 밤이면 바쁜 눈길로 방안을 훑고 다닌다. 손발이 달린 것도 아닌데 숨바꼭질을 즐긴다. 자신의 존재를 몰라주는 게 괘씸해서일까. 필요할 때면 사라져 속을 태운다. 이번엔 어디서 나타날까.

이곳저곳 뒤적이던 표정이 밝아진다. 베개 밑에 납작 엎드려 있는 폼이 능갈맞다. 아예 방주인을 길들이려 한다. 남편은 겨우 손안에 든 것이 사라져 버릴까 꼭 쥐고 이불 속으로 들어간다. 포만감을 느낄 때처럼 안온한 표정이다. 자리를 잡고 눕더니 한 번 두 번 누르는 손길이 부드럽다.

하루도 빠짐없이 되풀이되는 침실 풍경이다. 남편은 텔레비전 리모컨이 없으면 잠을 이루지 못한다. 텔레비전 소리를 자장가 삼아 잠을 잔다는 표현이 맞을 것이다. 편안한 남편의 잠자리를 위해 참는 수밖에 없지만 한방을 쓰는 내겐 고통스러운 시간의 연속이다. 다붓하니 조용한 잠자리를 원하건만 현실은 바람대로 될 기미가 안 보인다.

큰아이가 고등학생이 되면서 거실 중앙에 놓인 텔레비전을 안방으로 들였다. 휴일이면 거실을 점령한 세 남자의 모양새가 늘 마음에 들지 않았다. 속마음은 숨긴 채 큰아이 입시공부에 텔레비전은 방해물만 될 것이라며 마뜩찮아 하는 남편을 설득했다. 옴니암니 따져가며 하루빨리 실행하게 채근하는 것도 잊지 않았다. 그때 내 앞에 예견된 불행을 알아챘어야 했다.

자리를 옮긴 텔레비전으로 인해 한동안 쪽방 살림하듯 안방에 온 가족이 모였다. 침대는 편안한 시청을 위해 아낌없이 내주어야 했고, 식탁은 비워둔 채 간식이며 때로는 밥상까지 들고 다녀야 했다. 얼마 지나지 않아 홍수에 둑 터지듯 후회는 밀려들었고, 드러누운 세 남자 몸에서 뿜어져 나오는 강력한 페로몬에 방 안 공기는 탁해지기 일쑤였다. 더더욱 괴로운 것은 바뀐 잠 습관이다. 빛과 작은 소음이 깔려야 잠이 들 수 있게 된 남편과 달리 난 텔레비전으로 인해 잠자는 것이 어려운 일이 돼버렸다.

한밤중까지 켜져 있는 텔레비전에선 저들끼리 찧고 까불고 소란스럽다. 전원을 끄기라도 하면 남편의 꿈속까지 텔레비전 소음이 따라다니는지 눈을 번쩍 뜬다. 주섬주섬 일어나 다시 텔레비전을 켜 놓고 채 오 분이 넘기 전에 잠이 든다. 이번엔 곁에서 부석대는 소리에 내가 깨어 소음을 잠재운다. 밤중이면 서너 번씩 텔레비전을 둘러싸고 껐다 켰다 반복하는 일이 잦아졌다. 더욱 가관인 것은 화면을 보기 위해 안경을 쓴 채 자는 남편 모습이다. 옆으로 드러누우면 불편할 텐데 싶어 안경을 빼주면 어느결에 일어나 도로 원위치다.

텔레비전은 남편의 수면제다. 화면을 봐야만 잠이 드는 남편과 동거를 지속하려면 환경에 적응해야 하는데 도무지 잠을 잔 것 같지 않다. 아침이면 피곤함을 떨쳐내느라 한참씩 몸부림쳐야 한다.

어떤 날은 텔레비전 화면에서 본 장면 그대로 꿈꾸는 일도 벌어진다. 눈을 감고 있어도 귓속으로 파고드는 소리에 반응하며 그림을 그려내는 일이 현실인지 꿈결인지 데자뷰처럼 여겨지는 것이다. 한밤중에도 거리를 밝히는 가로등 빛으로 인해 완전한 어둠을 겪기 어려운 도시생활이다. 가로등빛 아래에선 농작물도 열매 맺기 어렵다. 늘 빛에 노출되다 보니 쉽게 피곤하고 머릿속도 맑지 않다. 간헐적인 두통 또한 빛에 과다노출된 육체의 몸부림 아닐까.

사회생활을 하는 성인이라면 누구나 크고 작은 스트레스를 덤처럼 안고 산다. 원한 적 없어도 경쟁의 틈바구니에서 끊임없이 달리게 된다. 시간에 쫓기고 타인과 어깨를 부딪쳐도 도태되지 않기 위해 전진만이 살 길인 양 속도를 늦추는 일이 쉽지 않다. 긴장의 연속성에 갇힌 순간 학창시절 꿈꿨던 미래는 잊히고 시선은 코앞에 놓인 일에 늘 종종걸음이다. 도시를 벗어나 소박한 여유를 꿈꾸지만 이러저러한 이유들로 현실에 발목 잡힌 생활이다.

선진국의 문턱까지 숨 가쁘게 달려온 이 땅의 가장들, 생각해보면 마음 편히 즐길 것이 없다. 기껏 고기 구워 술 마시고 노래 부르는 걸 여가(餘暇)라 여기는 덕에 유흥가만 날로 번창하고 있다. 하루의 피로를 감싸 안아줄 것처럼 밤거리 네온은 화사하게 빛을 뿜으며 가장들의 파근해진 발걸음을 잡는다. 제대로 된 대화법이나 시간을 안배해 즐길 기회도 박탈당한 채 가정 경제를 멍에처럼 짊어진 남편에게 텔레비전은 쉼터다. 만만한 여흥 거리다. 종일토록 뒷골 당기게 하던 팽팽한 긴장의 끈을 느슨하게 풀어주는 안마사다.

리모컨을 꼭 쥐고 잠든 남편의 얼굴에 푸르기만 했던 이십 대의 흔적은 온데간데없이 사라졌다. 대신 귀밑머리 희끗한 중년의 피로가 깊게 배어 나온다. 형형색색의 화면 앞에 고스란히 들키고야 만다. (2007. 3)

2.
소금꽃 사랑

마림바
나무를 사랑하는 법
숟가락 팔자
유모차에 피어난 꽃
소금꽃 사랑
개미
학의천에 세 들다
날개가 부러운 것은
폴라로이드 카메라
부활을 꿈꾸다
괜찮아

마림바

두둥둥둥 둥둥.

이명처럼 북치는 소리를 듣는다. 그 소리는 밖에서 나는 소리가 아니다. 뭔가 신명난 것을 기대하다 결국 내가 만들어낸 소리였음을 깨닫는다.

마림바, 실로폰처럼 생긴 아프리카 전통악기다. 아메리카 대륙으로 끌려온 아프리카 사람들이 고된 노예 생활 틈틈이 고향을 그리며 두드렸을 마림바는 유럽으로 건너가 현재와 같은 모습을 갖추었다. 야생의 옷을 벗고 세련미를 갖추었으나 아프리카 대지를 품은 소리는 처녀림처럼 싱그럽다.

소리 공명체로 호리병박을 사용한 아프리카 것과 달리 대중화된 마림바는 길이가 각기 다른 관을 달아 풍부한 음색을 만들어낸다. 장미나무를 음판으로 쓰는데 바로 아랫부분에 울림통이 있다. 긴 막대 끝에 실을 동그랗게 말아 만든 말렛이란 채로 음판을 두드려 소리를 낸다.

아프리카에서는 손님을 환영하는 의식 때 마림바를 연주해 흥을 돋웠다고 한다. 어색한 관계를 느슨하게 풀어주고 적대적 감정 없음을 표현할 때 마림바만큼 제격인 악기도 없으리라. 낮은 음색이 풍부해 듣고 있노라면 사월의 햇살처럼 따스함이 온몸을 감싸고 돈다. 우리네 풍물놀이가 신명난 놀이판을 만들어 연주자와 구경꾼을 하나로 묶어주는 일치감을 선사한다면 마림바의 연주는 낯설음을 무장해제 시키는 힘이 있다.

아름답게 차려입고 클래식 연주회에 갈 때면 내 삶이 한 단계 성숙해지는 것 같은 기분에 잠긴다. 그러나 그뿐이다. 클래식은 관객이 끼어들 여지가 없다. 객석에 앉아 연주자의 몰입을 방해하지 않게 예의를 갖춰 조용히 감상한다. 어려운 사람과 마주 앉아 음식을 먹는 것처럼 어느 정도 불편함을 감수해야 한다. 종종 느끼는데 클래식 연주는 후련한 뒷맛이 없다. 그런 이유 탓인지 울적할 때면 북이나 타악기를 두들기고 싶어진다.

민속음악은 사람의 마음을 끌어당긴다. 아마도 삶의 체험 조각이 모였다 흩어짐을 반복하며 정착된 것이라 그럴 것이다. 말과 문화가 달라도 하나가 될 수 있는 원초적인 가락에 몸을 맡기다 보면 너와 내가 아닌 우리가 되는 것이다.

농업문화 속에 태어난 농악과 아프리카 민속음악은 차이가 있다. 씨앗이 땅의 기운으로 무탈하게 자라 풍성한 추수를 꿈꾸는 농부의 염원과 감사를 가락으로 표현한 것이 농악이라면, 아프리카 음악은 태생부터 다르다. 온몸으로 부딪치며 살아야 할 야생의 삶. 몇 날 며칠 사냥감을 찾아 헤매고 사투 끝에 부족의 양식을 마련한 용사의 수확은 마을의 기쁨이었을 것이다. 대지를 향한 감사와 용사의 용맹스러움을 부족 모두 모여 축하하고 싶을 때 타악기만큼 적당한 게 있을까.

살아있음을 온몸 구석구석 느낄 수 있도록 표현하는데 북만한 악기도 없으리라. 속도감 있게 두드려 대는 북소리와 달리 마림바의 소리는 바람을 타고 퍼지며 여운 가득한 음색을 귓속 깊이 전해 준다. 삼월의 잔설이 녹듯 경직된 몸의 근육이 자연스레 풀린다. 말렛이 음판 위를 달리며 내는 소리가 울림통을 휘돌아 나오는 순간 세포 하나하나가 따듯한 목욕물에 담긴 것처럼 이완되는 듯 아득한 느낌이다.

아프리카 척박한 자연환경 속에서 태어난 원색의 소리, 마림바가 빚어내는 가락마다 초록이 뚝뚝 묻어난다. 끝없이 펼쳐지는 초원과 맑은 샘물 그리고 햇볕에 그을린 건강한 피부의 여인들, 마림바는 생동감 넘치는 아프리카를 꿈꾸게 한다.

  기계음에 지친 귓속으로 마림바가 들려주는 소리가 젖어든다. 도시의 소음에 갇혀 신음하던 귀가 모처럼 긴장을 풀고 느슨해진다. 청량한 물소리가 들린다. 또그르르 구르는 이슬방울이 햇살에 반짝인다. 소리가 보인다.

(2010. 4)

나무를 사랑하는 법

제주도로 가족여행을 다녀왔다. 그때 찍은 사진들을 거실 가득 펼쳐 놓았다. 액자에 넣어둘 것을 고르는데, '분재예술원'에서 찍은 사진이 많다. 키 작은 나무들로 그득하던 공원풍경이 슬며시 따라온다. 그곳에서 우리는 소인국小人國에 초대된 거인이 된 듯한 착각에 빠져 한나절을 보냈다.

어느 산자락에서 태어나 나른한 볕을 쬐며 싱그러움 뿜어냈을 나무들이 속박당한 자유를 분盆에 갇힌 채 분을 삭이고 있다. 분재는 원하는 수형樹形을 얻기 위해 가지를 자르고 교정하는 수고를 겪는다. 하지만 나무들 가지枝를 감싸고 있는 철사는 족쇄처럼 보인다. 위로 뻗으려는 나뭇가지를 아래로 끌어당기고, 오른쪽으로 내달리는 것의 방향을 틀어 움직이지 못하게 고정시켜 놓은 것은 분재로 거듭나기 위한 과정이다.

구불구불한 수형 지닌 해송이 납작한 화분에 담겨 있다. 유전자 속에 각인된 터전을 떠올리기라도 하는 걸까. 가지가 가리키는 방향에 너른 바다가 있다. 한 번씩 휘어질 때마다 몸살 앓았을 몸통은 농부의 굳은살 박인 손바닥처럼 옹이가 졌다. 기하학적인 문양의 뿌리를 드러내고 있는 나무 앞에 선다. 흙 속에서 수맥을 찾아 쭉쭉 뻗어야 할 뿌리가 벌건 대낮의 태양을 마주하고 있다. 철사로 가지를 감아놓은 나무 앞에서 남편은 가늘게 한숨을 토해냈다. 사람만큼 이기적인 동물은 없어, 간간이 뱉어내는 중얼거림은 분재에 대한 거부감이리라.

좌대에 놓인 나무마다 꼼꼼하게 들여다보던 작은아이가 묻는다. 왜 나뭇가지마다 철사를 감아놓았어, 순 그런 나무들뿐인 걸 보니 식물 병원인가 보다, 화분이 납작하면 뿌리가 불편하지 않나, 밑둥치를 보면 오래된 나무 같은데 왜 이렇게 키가 작아, 미니 나무 공원이야….

분재를 본 적 없는 아이 눈에 나무들 모습이 생경했을 것이다. 쉬지 않고 질문을 해대는 작은애와 달리 큰애는 무표정이다. 절반 가까이 둘러보도록 달막달막하더니 심드렁하게 한 마디 던진다. 그냥 놔두지, 나무가 뭐랬다고 비틀고 난리람….

사춘기에 접어든 녀석은 웃지도 않고 묻는 말에도 시큰둥하니 말수도 줄었다. 무심한 듯 내놓은 말 속에 암호처럼 가득한 불만을 읽는다. 선線을 만들기 위해 가지를 자르고 철사로 동여매 모양을 내기도 한 나무한테서 자신의 처지를 떠올렸을까. 학원이다 과외다 답답한 현실을 잠시나마 잊자고 선택한 여행이다. 나를 닮아 유난히 소심한 큰애는 속내를 드러내지 못한다. 그런 모습이 싫어 잔소리를 늘어놓다 보면 언제나 원치 않는 방향으로 튀어 헛헛한 마음만 안고 돌아선다.

아이는 부모 가슴에서 자라는 나무다. 결이 고운 나무로 키우기 위해 자양분이 되고자 했건만, 싱싱해야 할 이파리는 늘 시들거리고 뻗지 못한 가지는 제자리만 지키고 있다. 사랑이라 여겼던 것들이 집착이었음을, 기다리기보다 채근한 적이 많았음을 나무는 온몸으로 보여주고 있음이다. 큰애와 간간이 부딪히던 실체를 맞닥뜨린 순간이다.

수령이 얼마 안 된 소나무 앞을 지날 때마다 아이는 발걸음을 멈춘다. 가지마다 촘촘히 철사를 감고 있다. 똑같은 모양으로 한곳에 모여 있는 소나무들이 길들이기처럼 보였을까. 슬며시 아이 손을 끌어당겨 잡았다. 내게 손을 잡힌 아이는 아무 저항 없이 보조를 맞춰준다.

분재할 때 중요한 것은 기다림이다. 자식 돌보듯 보살피는 농부에게도 당사자인 나무에게도 인고의 시간이 주어진다. 굵은 주름은 나무에게만 있는 게 아니었다. 농부의 이마에도 밭고랑 같은 주름이 잡혀 있다. 집착과 집념의 차이를 알고 있는 농부는 아이 키우듯 나무를 가꾼다 했다.

30센티미터밖에 안 되는 키에 다래다래 꽃을 단 왜철쭉은 흥부네 같다. 와와 웃음소리가 들리는 듯하다. 근육질로 무장된 남성의 팔뚝처럼 이리저리 뒤틀려 고랑을 이룬 느릅나무의 밑둥치, 강인함이 넘친다. 가족의 생계를 책임진, 힘줄이 툭툭 불거진 팔뚝처럼 믿음직스럽다.

작은 키로 분에 담겼어도 소나무의 기상은 꺾이지 않고, 눈에 띄게 휜 줄기를 간직한 주목은 해탈한 노승의 모습으로 서 있다. 예전에 돌아가신 할아버지처럼 내 투정을 외면하지 않고 받아줄 것 같은 모습으로 서 있다. 아이가 내뱉은 한마디 말이 가슴에 돌덩이처럼 걸려 답답하던 느낌이 주목 앞에 서자 사그라진다.

나무의 자유를 속박하는 것이 분재라고 여겼던 마음이 풀어진다. 분재는 나무가 지닌 예술적 가치를 일찌감치 알아본 심미안 지닌 사람들의 또 다른 나무 사랑법이다. 오랜 시간 정성들이고 기다릴 줄 아는 마음 씀씀이가 우선이다. 평범했던 나무가 예술 작품으로 변화하는 과정을 지켜보는 것이야말로 분재를 사랑하는 이들의 보람 아닐까.

  철사로 중무장했던 젊은 나무의 줄기마다 빼어난 선이 자리 잡을 것이다. 이 세상에 고통 없이 이루어지는 것은 없으니까. 초록 물이 뚝뚝 떨어질 듯한 느티나무 앞에서 해맑게 웃고 있는 아이 사진을 집어 들었다. 내 미간 주름이 부드럽게 펴진다.

(2007. 3)

숟가락 팔자

밥을 지을 때마다 챙기는 숟가락이 있다. 코코넛 껍질을 깎아 만든 숟가락인데 용기에 담긴 잡곡을 털어낼 때 요긴하다. 오목한 부분 한쪽에 구멍을 뚫어 대나무를 대고 끈으로 엮어 맸다. 숟가락 총이 매끄럽지 않게 연결된 숟가락은 염전 가에 풍화를 겪고 서 있는 소금 창고처럼 추레하지만 내게는 값으로 환산할 수 없는 가치를 지니고 있다.

몇 년 전 필리핀 네그로스 섬을 찾았을 때 그곳에 사는 촌부로부터 받은 것이다. 그녀의 주방은 가난이란 낱말의 뜻풀이를 형상화해주는 것처럼 초라하기 짝이 없었다. 그럼에도 가족들 얼굴빛은 밝았다. 코코넛 껍질을 모았다가 숟가락이나 국자 주걱 등 그때그때 필요한 용품을 만들어 쓰던 수수한 살림살이일망정 자족의 삶을 누리는 듯 보였다.

싱크대 서랍을 열면 붉은 녹을 뒤집어쓴 채 누워 있는 은수저 두 벌이 스테인리스스틸 숟가락 사이에 섞여 있다. 친정어머니로부터 받은 것이다. 숟가락 총 끝 부분에 푸른색과 붉은색으로 수壽자와 복福자가 음각되어 있다. 입속으로 들어가는 음식이 좋은 기를 받아 장수를 기원하는 마음이 담겼으리라.

관리의 불편을 핑계 삼아 서랍 속에 방치되어 있는 은수저 두 벌을 꺼내 정성껏 닦았다. 붉은 녹이 벗겨지며 은빛 고운 본래 모습이 드러났다. 네그로스 촌부에게서 얻은 코코넛 숟가락과 가지런히 놓고 보니 흡사 도구의 변천사를 보는 듯하다. 숟가락이란 본래 뭔가를 떠먹을 때 쓰는 용기이다. 코코넛 숟가락은 오목 부분이 밋밋해 음식 떠먹는 역할로는 자격 미달이다. 그저 수프를 끓일 때 휘젓거나 낟알 굵은 잡곡을 덜어낼 때 편하게 사용한다.

은으로 만든 숟가락으로 음식 간을 본다거나 국을 휘젓는 것은 어색하다. 격식을 갖춘 상차림에 다소곳이 누워 있는 것이 제격이라 할까. 사용했다고 아무렇게나 설거지통에 담기는 것도 민망하다. 세제 묻힌 수세미로 벅벅 문질러 닦는 것도 어울리지 않는다. 태어날 때부터 누군가의 수발을 받아야만 하는 귀한 부류처럼. 이래저래 나같이 손끝 여물지 못한 사람에겐 그저 스테인리스스틸 숟가락이 만만하다.

한낱 도구에 불과한 것도 저 태생에 따라 대접이 다르다. 하물며 자연 생태계의 꼭대기며 만물의 영장인 사람에 있어서야 오죽할까. 강남 진입에 도달해야 할 목적지처럼 읊조리고 살던 지인이 드디어 목표를 이루고야 말았다. 반 토막 난 좁은 곳에 코 맞대고 살아 그리도 땅에 집착하는 건지, 전 국토가 상점에 전시된 물건들 마냥 값이 매겨지고 매스컴은 연일 가격의 등락을 떠들어댄다.

그네의 집은 태풍의 눈처럼 고가 행진의 중심인 강남 한복판에 위세 좋게 자리 잡고 있었다. 입구부터 서너 명의 경비들이 앞을 가로막는 동네에 사는 사람들은 태생이 다른 걸까. 비바람 막아주고 사랑하는 가족들과 함께할 수 있는 주거개념으로서의 공간이 내가 생각하는 집이다. 집도 돈처럼 많이 소유할수록 좋다고 생각하는 사람들은 현실을 몰라도 한참 모르는 소리라 할 것이다.

강남도 특별시도 아닌 서울 변방에 집 한 채 마련한 나는 가끔 생각한다. 주방 서랍에도 들지 못하는 코코넛 숟가락이든 주인의 게으름을 금세 티 내는 은 숟가락이든 용도에 맞게 활용될 때 빛을 발하지 그렇지 않다면 생명은 다한 거야. 집이 주거개념으로 충족될 때 그 안에 머무는 사람에게도 좋은 기가 흐르는 거야. 금전적인 가치만 앞세워 숫자로 표시되는 것에 집착하다 어느 순간 집이 사람을 골라 받아들이는 시절이 오지는 않을까. 도깨비장난 같은 일들이 도처에서 벌어지니 말이다. 은 아니라 금으로 만들었어도 숟가락은 숟가락인데, 애써 호기를 부린들 빗물 새어들듯 스산한 마음은 위로가 되질 않는다.

행운을 들이는 부적처럼 아끼던 은수저를 내게 주며 친정어머니는 건강을 빌어주었다. 그런데 내 집에 와선 늘 푸대접이다. 시간에 쫓기며 사는 내게 은 숟가락은 일거리만 더해 주는 애물이다. 세월 따라 숟가락 팔자도 명암을 달리한다. 명인의 손끝에서 태어나 여인들의 지극한 수발 받던 귀하신 몸이 붉은 녹을 뒤집어쓰고 싱크대 서랍 속에 방치되었다.

숟가락들 사이에서 벌겋게 상기된 모습이 마치 화를 삭이지 못해 더운 김을 뿜어내는 것 같다. 귀한 몸 알아보지 못하고 내치는 주인이 못내 한심할 것이다. 제각각 몸값에 맞게 대접이 다른데 이럴 거냐고 가시눈 보듯 하더니 목욕 수발을 받자 해사한 모습으로 까드락까드락 거린다.   (2008. 5)

유모차에 피어난 꽃

늦은 밤, 모 방송국의 <동행>이란 휴먼다큐를 보게 되었다. 지난한 삶을 이어가는 소시민들 모습을 보자기에 꼭꼭 싸맸다가 풀 듯 이야기를 하나씩 카메라 앞에 내놓고 있었다.

안갯속을 헤매는 것 같은 경제 사정 때문에 일거리를 찾아 거리로 나온 사람들. 흔들리는 눈빛까지 담아내는 카메라가 참 인정머리 없어 보였다. 이윽고 어둠이 짙게 내려앉은 거리가 나오고 한 구석, 곱송한 뒷모습을 한 노인이 허리 펼 새 없이 빈 상자를 접어 유모차에 담고 있다.

독거노인의 고단한 삶이 주제인가 싶어 채널을 막 돌리려다 할머니 얼굴을 정면으로 보게 되었다. 깊게 팬 주름과 굽은 등, 누추하다 못해 온갖 풍상에 찌든 할머니 차림과 어울리지 않는 함박웃음이 아이처럼 순수하고 환했다.

주변에서 폐지를 모아 거두는 사람을 심심찮게 본다. 노인들 전유물 같던 예전과 달리 젊은 사람들도 간간이 만난다. 낡은 트럭을 끌고 다니며 거리를 훑어대니 기동력이나 수집량은 노인에 비할 바가 아니다. 그런 그들 표정은 늘 굳어있다. 산더미처럼 쌓아 올려도 시세가 형편없다 보니 손에 쥐는 수입은 푼돈에 불과하다고 했다.

그런데 텔레비전 속 할머니는 연신 미소 띤 표정이다. 갈퀴 같은 마른 손으로, 앙상한 발로 상자를 밟아 부피를 줄이는데 놀이를 즐기듯 표정이 살아 있다. 익숙한 솜씨로 빈 상자를 접어 쌓아올린 유모차 한켠에 그물망이 걸려 있는데 자세히 보니 그 속에는 납작하게 눌린 빈 우유갑만 불룩하게 담겨 있는 것이다. 굳이 우유갑을 따로 보관하는 게 다큐 감독도 궁금했는지 물었다. 대답은 명쾌했다. 같은 동네에 사는 또 다른 노인을 위한 거란다.

빈 우유갑을 모아 동사무소에 가져가면 재활용 휴지로 바꿔준단다. 이웃에 우유갑만 모으는 노인이 사는데 요즘 허리를 다쳐 꼼짝할 수 없어 대신 가져다주려는 것이란다. 힘들수록 서로 돕고 살아야 하지 않겠냐며 주름이 겹치도록 미소 짓는 할머니 얼굴이 하회탈이 돼버렸다. 온종일 거리를 누벼도 오천 원을 넘지 못하는 수입이 전부인 할머니 삶 속에 나눔은 생활의 부분이 되어 있음을 알 수 있었다.

 기업의 기부나 갑부들의 선행도 아름다운 일이지만, 내 이웃이니 함께 살아가야 하지 않겠냐고 되묻는 할머니의 나눔은 돈으로 환산할 수 없는 정이 있다. 누군가에게 마음이 듬뿍 담긴 손길을 내민 적이 언제인지. 불시에 닥칠지 모를 정체 모를 불행 때문에 애면글면 살아온 삶이 갑자기 빛을 잃어버리는 것 같은 느낌이 들었다.

 지난해까지 몇 군데 장애인 단체와 시설에 후원금을 보냈다. 그런데 흉흉하게 들려오는 경제 불황 소식에 해가 바뀌자 내가 제일 먼저 한 일은 후원을 그만하겠다는 전화였다. 지속적인 후원을 부탁한다며 매달리는 상대방 목소리에 발목이라도 잡힐까 필요 이상으로 쌀쌀하게 말했다. 생각해 보면 그토록 냉정할 것까지는 없었는데. 나눔이란 이웃과 어깨를 비비며 살아야 한다는 마음이 우선이다. 힘들면 힘든 대로 조금씩만 덜어 형편껏 하면 될 것을 모질게 끊어내는 것이 최선이라 생각했다.

 가진 게 없는 것과 나눌 마음이 없는 것은 근본이 다르다.

당장 손에 쥔 게 없어도 마음마저 꽁꽁 동여맬 일은 아닌데. 화면을 보는 내내 후회가 밀물처럼 몰려왔다. 곁에 아무도 없는데 얼굴이 홧홧해지는 것을 느꼈다.

카메라를 향해 한 번 더 활짝 웃어준 할머니가 유모차를 끌고 어둠 속으로 걸어갔다. 사시랑이 같은 할머니 뒷모습이 아프게 가슴을 때렸다. 텔레비전 화면은 그새 바뀌었는데 잔영 탓인지 난 계속 할머니 뒷모습을 보고 있다.

(2009. 7)

소금꽃 사랑

해마다 우리 형제는 함께 김장을 담근다. 입동이 지난 후 친정어머니의 호출을 받으면 제각각 식솔을 거느리고 친정집에 모인다. 거실 한가운데 이미 김장을 위한 준비가 만만치 않게 갖춰져 있다. 지난밤 친정어머니 잠을 송두리째 앗아간 결과물들이기도 하다. 작은 동산처럼 쌓여 있는 배추를 다듬고 절이느라 밤새 발바닥 아프게 움직였을 친정어머니 모습이 힘들지 않게 그려진다.

일순 우리 형제들의 표정이 어두워진다. 함께 하기로 철석같이 약속을 해도 해마다 되풀이되는 어머니의 우렁각시 노릇은 올해도 여지없이 재현되었다. 우리는 소금에 잘 절여진 배추에 양념을 덜어 소를 채워 넣기만 하면 된다. 노모의 한 치 오차 없는 행동에 번번이 염치없는 자식들이 돼버린다.

친정어머니에게 김장은 자식을 향한 기도와 같다. 육 쪽 마늘이 나올 무렵부터 슬슬 기지개를 켜는 어머니의 김장준비는 붉은 고추와 남해에서 올라온 천일염을 준비할 때 절정에 이른다.

바싹 마른 고추를 하나씩 닦을 때 친정어머니 표정은 화사하게 빛난다. 좋은 기운을 지닌 채 자식들 입속으로 들어갈 음식이 되라고 축원이라도 하듯 신바람이 난다. 고되고 힘든 손길이 부담스러워 이제 각자 알아서 김치를 담그자고 해도 한사코 반대하신다.

예전만큼 김치를 많이 먹지도 않고 대형할인점에 가면 갖가지 상표를 달고 있는 김치를 손쉽게 구입할 수도 있다. 하지만 어머니에게 김장은 절대 양보할 수 없는 성스런 일처럼 보인다. 행여 탈이라도 날까 걱정 가득한 자식들 눈길을 못 본 척하는 어머니의 고슴도치 사랑을 어쩌랴. 중년의 문턱을 넘은 자식의 희끗한 머리카락 한 올에도 가슴이 아리다는 어머니다.

항아리를 뉘어 놓은 듯 불룩하게 쌓여 있는 배추무더기, 한 잎을 뜯어 먹어보니 짭조롬하면서도 단맛이 혀에 감돈다. 세상 어머니들의 삶은 소금 같다는 생각을 한다. 소금이 빠진 김치는 상상할 수 없다. 지나쳐도 모자라도 안 되는 적정한 염도 맞추는 일이 생각처럼 쉽지 않다. 자식을 향한 부모의 사랑도 세상을 살아가는 이치도 그러하리라. 사랑과 집착, 열정과 오기의 경계가 선명하면 좋으련만 애매한 시간이 지나고 나서야 실체가 드러나니 늘 후회를 달고 사는 건지도 모른다.

바닷물을 가두고 열심히 대파를 움직이는 염부의 성실한 노동과 바람 그리고 햇빛에 의해 소금이 만들어진다. 어느 것 하나라도 모자란다면 소금꽃은 피지 않는다. 눈꽃송이처럼 희디흰 소금꽃 같은 노모의 사랑 앞에 가슴이 먹먹해지며 서러움이 밀려온다. 이젠 나도 두 아이의 엄마라는 타이틀을 단 지 이십 년이 돼간다. 하지만 노모 앞에 서면 여전히 철없는 딸로 돌아간다.

상념에 젖어 촉촉해지는 눈가를 누가 볼세라 눈만 껌벅거리는데 그새 배춧속과 양념을 곁들인 수육으로 한 상 차려 내는 어머니다. 도깨비 방망이라도 빌려 온 것인지.

우리는 할당 받은 배추와 양념을 덜어 각자 소를 채워 넣는다. 여름부터 노모의 손길 닿은 양념들이 어우러져 알맞게 절여진 배추와 함께 만들어내는 맛은 가히 일품이다. 노모의 수고에 전적으로 의존하는 김장 담그기가 앞으로 얼마나 지속할

지는 알 수 없다. 자식들 삶에 자양분이 되는 것을 마다않는 어머니가 건재해 계시다는 것은 축복이다. 하지만 받은 것의 일부라도 되돌려 드릴 기회가 많지 않음을 안다. 자식을 향한 어머니의 외사랑은 결코 끝날 줄 모른다. 때로는 그 사랑이 소금알갱이 같은 연민으로 가슴을 헤집는다.

붉은 고춧가루는 어머니의 애끓는 심정을 닮았다. 자식의 행복과 불행을 그저 지켜볼 수밖에 없는 속 타는 부모의 심장은 붉은빛으로 타올라 끝내 까맣게 색이 변해도 내색하지 않는다. 아무리 내리사랑이라 해도 그 속을 알면서 슬쩍 외면한 적은 얼마나 많은지.

어머니란 낱말은 짜디짠 소금물처럼 삼킬 수 없는 목 울음이 되어 입속에서 맴돌곤 한다.

(2009. 11)

개미

 길 위에 점점이 뿌려진 꽃잎들이 바람에 이리저리 날린다. 꽃이 피는가 싶더니 하루아침에 길바닥을 뒹굴고 있는 연한 꽃잎들은 묘하게 시작한 올봄의 초상이다. 방문 봉사를 다니는 소년원 뜨락 양지바지엔 잘생긴 목련나무 두 그루가 나란히 서 있다. 봄이면 어느 곳보다 이른 꽃을 내놓아 시선을 잡는다. 그런데 10년 가까이 보아 온 목련꽃이 올해는 안쓰럽기 짝이 없다.

 지난해보다 이른 개화에 흐뭇한 마음이었는데 며칠 사이 뽀얗게 벌어지던 꽃잎 가장자리가 갈색으로 물들어 추레해졌다. 원인은 뒤죽박죽 돼버린 날씨 탓이다. 며칠 동안 강렬한 햇살이 이어지자 서둘러 꽃을 내놓았는데 영하로 돌변하며 소소리 바람이 불자 그만 꽃잎 가장자리가 얼었던 모양이다. 누구보다 부지런 떨며 세상에 나왔다가 된서리를 맞은 셈이다. 우윳빛 꽃잎을 뽐내며 한껏 시선 받아야 할 나무는 피워보지도 못하고 거무죽죽 병든 꽃송이를 어떻게 받아들일까.

앞당겨지고 제멋대로인 계절 때문에 어리둥절한 꽃나무를 보면서 초등학교 졸업반인 아이를 생각했다. 선행학습의 개가랄지 아이는 현재 고등 수학을 푸는 학원엘 다니고 있다. 얼마 전 수업시간에 뜬금없는 질문을 하였다. 초등학생인 자신이 왜 고등학교 수학문제를 풀어야 하느냐고 물었다. 깊은 주름처럼 자리 잡은 선행학습을 비단 그 아이만 하는 것은 아닐 것이다.

답을 몰라 묻는 게 아님을 아는지라 잠시 낱말을 고르는데 곁에 있던 녀석의 선소리에 웃지 않을 수가 없었다. 미리 배워두면 고등학생이 됐을 때 수학이 쉽고 더 나은 성적을 받을 수 있다. 성적이 좋으면 좋은 대학에 가서 훌륭한 사람이 된단다. 끝으로 다른 아이도 다 하는 거니까 아무 소리 하지 말고 하란다. 마치 세상 끝까지 경험한 것처럼 눈빛도 진지하다. 푸념을 늘어놓던 아이의 어처구니없어하는 얼굴이 잊히질 않는다.

남보다 한발 앞서 공부하고 노력하는 거야 나쁜 일이 아니다. 오히려 칭찬받을 일이다. 하지만 그것이 곧 훌륭한 사람이 되는 길은 아닐 것이다. 좋은 대학을 갈 수 있다면 신 나는 일이겠지만 행복한 삶을 보장해 주는 것도 아니다. 훌륭한 사람이 되는 길과 선행학습이 무슨 인연으로 항상 중심 문장, 보조 문장처럼 딱딱 맞아떨어지게 된 건지, 언제부터 누구의 주장으로 수학 공식처럼 아이들까지 읊조리게 된 건지.

자식에게 선행학습 시키는 부모 심정을 모르지 않는다. 문제는 다른 아이들도 같은 형편인 현실이 답답한 것이다. 제 학년에서 소화해도 될 것을 미리 하느라 아이들은 고단하고 부모는 사교육비 대느라 힘겹다. 언제부턴가 아이들은 세상에서 제일 바쁜 부류가 되었다. 온종일 일거리를 찾아 헤매는 개미 떼처럼 갖가지 공부에 갇혀 산다.

학원이 밀집해 있는 곳에 가보면 알 수 있다. 종종걸음치는 아이들 얼굴에서 표정을 읽는 일이 힘들다. 이야기 속에서 개미는 언제나 부지런함의 대명사로 등장한다. 하지만 개미 삶의 질에 관해선 누구도 관심을 두지 않는다.

자원 하나 없는 반쪽짜리 땅, 성실만이 우리의 살길이라는 듯 잘 살아 보세를 외치며 전진한 결과 눈부신 경제성장을 이루긴 했다. 하지만 삶은 경제지표처럼 행복을 향해 죽죽 올라가 주지 않았다.

게으름 피우는 아들을 보다 못한 아버지가 일찍 일어나는 새가 벌레를 잡는다고 하자, 그럼, 벌레는 왜 일찍 일어나 잡아 먹히느냐, 늦잠을 잤다면 더 살았을 것 아니냐며 볼멘소리를 하더란다. 영어 시간이면 서양속담 하나씩 통 문장으로 외우며 훌륭한 글귀라고 여겼지 새와 벌레의 입장을 바꿔볼 생각은 하지 못했다.

아버지가 무슨 의미로 아들에게 말했는지는 자명하다. 아들 역시 아버지의 의도를 모르지 않았을 것이다. 이야기 속 아버지처럼 부지런해야 잘 사는 거로 생각했다. 수평의 삶보다 수직의 세상에서 겪게 될 아이들의 혼란을 걱정해 아예 규격에 맞지 않는 사고를 거세해 버리는 어른들의 행태를 낱낱이 파악하고 있는 아이들. 뒤집기도 하고 비틀어 보기도 하는 요즘 아이들의 입체적인 시각을 재단하고 정을 댄 것은 어른들이다.

선행학습으로 행복과 성공이 보장된다면 얼마나 좋으랴. 성공이란 허울에 속아 아이들이 누려야 할 어린 시절의 추억을 함부로 잘라내고 있다면, 내 아이에게 안락한 삶을 주고 싶은 열망이 외려 시들게 하고 있음을 눈치채지 못하고 있는 거라면 어찌 되는 걸까.

아이들이 그려내는 다소 불안하고 정체되어 있는 것 같은 삶일지라도 생생한 체험은 차곡차곡 추억이란 이름으로 채색될 것이다. 그들은 날마다 신 나는 일상을 꿈꾸며 문을 나선다. (2009. 3)

학의천에 세 들다

 빗물로 인해 산책로가 황톳빛이다. 버드나무 우듬지까지 비닐봉투 같은 쓰레기가 뒤엉켜 있다. 하지만 학의천은 언제 그런 일이 있었냐는 듯 졸졸 소리까지 내가며 예전의 수량을 유지한 채 흐르고 있다. 바닥에 이리저리 흩어졌다 모였다를 반복하는 송사리 떼도 여전하다.
 조금씩 가을빛이 내려앉는 학의천가를 적당한 보폭으로 걷는다. 수크렁의 키가 부쩍 자라 무성한 뒤로 붉은 토끼풀이며 뒤늦게 피어난 몇몇 루드베키아의 노란 빛이 초라하다. 지난여름 무섭게 쏟아 붓던 빗줄기가 남겨놓은 것은 쓰레기만이 아니다. 군데군데 움푹 파인 흙길, 허리가 꺾인 채 영 회복을 못하는 아이리스 군락의 드러누운 모습까지. 하지만 곧 자연의 치유력으로 되살아 날 것을 믿는다.

안양에 그것도 학의천 따라 들어선 아파트에 둥지를 튼 지 십육 년의 시간이 흘렀다. 저녁이내가 자동차 매연을 잠재우는 시각이면 삼삼오오 짝을 이룬 이웃들의 분주한 발걸음이 모여드는 학의천이 처음부터 지금의 녹음과 평화로움을 간직했던 것은 아니다.

정부의 신도시 건설 붐을 타고 안양시 안에 작은 도시 평촌이 만들어졌다. 구시가지의 들쭉날쭉한 건물 모양새가 개성보다 무질서함으로 비친다면 일사불란하게 들어선 아파트촌은 반듯하고 정돈된 모습이다. 안양시민이 되기로 작정한 이유 중 하나는 아파트 가까이 길고 소박하게 뻗어있는 학의천 때문이었다.

그러나 학의천의 첫인상은 결코 아름답지 않았다. 일정한 거리를 두고 듬성듬성 박힌 나무들은 한숨 나게 조악한 풍경을 그려내고 있었다. 언제 무성하게 자라 그늘을 만들고 새들에게 둥지를 허락할까. 일부러 앙상하고 볼품없는 나무만을 고른 게 아닐까란 의문이 들 정도로 막대기처럼 꽂혀 있는 나무들. 그리고 무엇보다 학의천에서 풍겨오던 생활하수 썩는 역한 냄새는 폼 나게 갖춘 운동기구가 무용지물로 퇴색하게 만들었다.

탁월한 선택에서 최악의 조건으로 주거환경이 바뀌는 것은 시간문제였다.

설거지할 때마다 주방 창을 통해 내다보면 학의천은 나날이 썩어가는 개천으로 전락하고 있는 것 같았다. 반대편 마을로 이어지는 작은 다리를 건너야 할 때면 누구라도 코를 쥐고 발걸음을 빨리하는 게 능사였고 웬만하면 근처에 갈 일을 만들지 않았다.

그런데 학의천이 변했다. 환골탈태, 이보다 적절한 낱말은 없을 것이다. 환경단체와 민간단체의 수고를 안양시가 받아들이자 본격적인 하천 재정비 사업이 시작종을 울렸다.

학의천은 의왕시 백운호수를 시작으로 평촌 신도시를 관통해 안양천과 합류해 한강으로 흘러드는 작은 하천이다. 큰 틀에서 보면 한강 수질을 정화한다는 의미도 있겠지만, 학의천이 생태하천으로 변한 데는 맑은 물 흐르는 실개천을 갖고 싶은 사람들의 지극한 소망 탓이었을 것이다. 물억새와 갈대, 버들강아지와 철 따라 피어나는 꽃들로 학의천 얼굴이 달라져 갔다. 썩은 물 내음에 코를 쥐게 하였던 물속에는 아이들 팔뚝만한 잉어와 송사리 등속의 물고기들이 자리 잡았다.

얼마나 유지되겠어. 심드렁하게 쳐다보던 사람들 눈에 기이

한 풍경이 들어왔다. 꽁무니에 새끼들을 일렬로 세우고 헤엄치던 오리 모습은 신선한 충격에 가까웠다. 더러 백로나 왜가리 종류가 찾기는 했지만, 목적지를 향해가다 쉬어가는 거겠지 했는데 아예 학의천에 터를 마련한 새들이 늘어나는 것이다.

그토록 소망했던 정지용의 시구에서 만난 실개천, 학의천의 변신이 사람을, 새들과 물고기를 불러 모았다. 무용지물이던 5급수에서 생태하천으로 되살아난 학의천이 곁에 있어 행복하다. 길게 뻗어있는 학의천 따라 걷노라면 타향인 안양살이가 고향 품처럼 아늑해지는 것이다.

빗물에 한층 키가 올라간 메타세쿼이아 몸통에 귀를 대본다. 꼬르륵거리는 물소리가 들릴 것만 같다. 모질게 후려치던 빗줄기가 나무 몸통 속에 고스란히 담겨 키는 더 크게 몸통은 더 통통하게 만들어 줄 것만 같다. 나무 안에 작은 샘을 만든 물은 뿌리를 타고 다시 학의천으로 흘러들어 물고기를 살지게 키울 것만 같다. 코끝에 스치는 물 내음이 향긋하다.

(2009. 9)

날개가 부러운 것은

꽉 막힌 것 같은 체증이 일 때면 임진강을 찾는다. 강변을 따라 거침없이 뻗어 있는 도로는 바라보는 것만으로도 가슴에 응어리진 것이 풀리는 것 같다. 연하장 그림처럼 펼쳐진 강 너머 북한 산하는 손 뻗으면 닿을 듯 지척이다. 편대를 이뤄 하늘을 가르는 기러기들의 날갯짓이 끝나는 자리, 검은 머리 독수리 떼가 따른다. 날개를 활짝 펼쳐 바람을 타는 폼이 우아하다. 위에서 아래로 다시 위로 마음껏 하늘을 수놓고 있다. 특히 강변에 자리 잡은 반구정 주변을 수호하듯 빙빙 원을 도는 검은 머리 독수리 떼의 유영은 압권이다.

몸을 움츠러들게 하는 쌀쌀한 강바람을 맞으며 강변을 따라 꼼꼼하게 서 있는 철조망 곁 반구정伴鷗亭에 오른다. 세종 조 정승을 지낸 황희가 정계 은퇴 후 여생을 보낸 곳이다. 고향인 개성과 한양의 반 거리에 정자를 짓고 느티나무, 갈매기와 벗하며 살았다. 일국의 일인지하 만인지상의 자리에서 물러나 무명옷처럼 밋밋한 집 한 채를 지어 살았다.

홍시처럼 떨어지는 석양, 상념에 젖지 않고는 배겨내지 못했을 것 같은 풍경이 펼쳐진다. 강바람이 시원하게 부채질을 해 줬을 여름날 정자에 앉아 시 한 수 읊지 않았을까. 열십자로 구분 지어 연화 무늬를 그려 넣은 천장이 음전하다. 정자 아래 물비늘 일으키며 잔잔하게 흐르는 강물을 보면 부유하던 근심 걱정이 차분히 가라앉는다.

유유히 원을 그리던 독수리 무리가 높이 올랐다, 낮게 날았다 한다. 북쪽으로 향했던 한 무리가 되돌아온다. 독수리를 코앞에서 보기는 처음이다. 새까맣게 윤기나는 깃털과 커다란 덩치, 도도하기까지 한 자태에 탄성이 터진다. 연신 날갯짓을 파닥거리는 기러기가 무색하게 날개를 양껏 펼친 채 도도하게 바람을 탄다.

반구정 주변을 에워싸고 날고 있는 검은 머리 독수리 떼는 묘한 상상을 불러일으킨다. 이산離散의 한을 품고 유명을 달리한 사람들의 환생이 아닐까. 지척에 고향을 두고도 가 볼 수 없는 사람들이 모여드는 강가. 그들에게 고향산천은 변함없으니 걱정말라는 말을 하고 싶어 빙글빙글 돌며 떠나지 못하는 것은 아닐까.

반구정에 오를 때면 노老연주가 로스트로포비치가 생각난다. 솔제니친에게 은신처를 제공했다는 이유로 추방이란 설움을 준 조국을 애틋하게 그리워한 로스트로포비치. 그의 손끝에서 울려나오는 바흐의 무반주 첼로 모음곡을 듣고 있노라면 가슴 밑바닥에 켜켜로 쌓여 도무지 어쩌지 못한 해묵은 상처들이 하나씩 위로받는 것 같은 느낌을 받는다. 연주여행을 가는 곳마다 그의 따뜻한 심성과 배려는 연주 실력과 더불어 두고두고 사람들 입에 오르내린다.

자신을 내친 조국에 자유와 평화가 깃들길 염원한 그의 소망대로 동토의 땅은 사라지고 없다. 조국 러시아에 영원한 안식처를 마련하는 것으로 유랑의 마침표를 찍은 그는 바랄 게 없었을 것이다. 촉촉이 젖어드는 눈으로 북쪽을 바라보는 노인 몇 분의 등에 짙은 그리움이 묻어난다. 아마 맑은 눈으로 찾아갈 수 없음에 대한 애타는 마음 탓이리라.

정치란 질곡을 겪으며 권력의 무상함을 느껴서일까. 아니면 두문동을 뒤로 하며 품었던 꿈을 다 펼치지 못한 회한이 남아

서일까. 그도 아니면 깊이 뿌리내리지 못한 조선을 걱정하는 마음이 귀향을 막은 걸까. 자신이 섬기던 백성들 사이에서, 고기를 낚는 어부들 곁에서, 소박한 삶을 택했을 때 비로소 자유의 의미를 알았던 걸까.

역사를 장식했던 인물들이 떠난 자리에 자신의 이력 고스란히 남겨놓고 떠날 사람들이 서 있다. 실루엣처럼 강 위에 펼쳐져 있는 북쪽 산하, 그곳에서도 누군가 내 쪽으로 시선 주는 이 있을까. 이념이란 것이 강철만큼 강한들 세월 앞에 장사 있을까. 흐르는 강물은 말이 없다. 한 세기도 머물지 못할 거면서 아득바득 서로 경계하며 사는 우리가 안타깝고 애처로울 것이다.

강바람은 맵짜게 옷 속을 파고든다. 어부들이 물고기 잡던 강물은 변함없이 흐르는데 철책으로 가로막힌 모래톱은 사람의 발자국을 들일 수 없다. 햇살 닿는 곳마다 은빛으로 반짝이는 강물. 반구정에 올라 바라본 북녘 하늘가엔 아무런 구속 없이 저 가고 싶은 곳 마음껏 넘나드는 새들의 날갯짓만 요란하다. 정작 황희의 거처는 적막하기만 한데 '반구정'이란 간판 단 음식점들만 문전성시를 이루고 있다. 붕어찜이나 민물 매운탕을 먹기 위해 연신 드나드는 차들, 길게 매연만 뿜어놓고 사라진다.

(2008. 11)

폴라로이드 카메라

 분명 열네 번 셔터를 눌렀는데, 사진은 열세 장뿐이다. 카메라에 찍힌 숫자를 확인해도 마찬가지다. 당혹스러워하는 내 표정을 훑는 스물여덟 개의 눈동자가 흔들렸다. 가슴 한구석에서 쿵 하는 소리가 귓속을 파고들었다. 빨리 이 상황을 수습해야 한다는 소리가 이명처럼 들렸다.
 금요일이면 열댓 명의 까까머리 녀석들과 만난다. '고봉정보통신학교'라는 번듯한 이름이 있는데도 서울소년원이라 불리는 것이 더 익숙한 곳이다. 내가 소속된 봉사단에서 후원해 주는 책으로 매주 정해진 시간에 독서수업을 한다.
 즐겁게 수업을 하기 위해 즉석카메라를 들고 찾은 게 화근이었는지 모른다. 폴라로이드라는 상표명이 더 익숙한 카메라엔 열 장의 필름이 한 통으로 들어간다. 사진을 찍어줘야 할 아이들이 열네 명인 것을 확인하고 그것에 맞게 필름을 준비했다. 사진을 첨부해 자신에게 보내는 글을 써보자고 말한 후 개인 촬영을 했다. 셔터를 누르는 순간 지~하는 소리와 함께 필름이 나오며 상이 맺히는 게 신기했는지 졸음 가득한 녀석들 눈이 화등잔만 해진다.

모두 열네 장의 사진을 뽑아 교탁 위에 나란히 늘어놓았는데 한 장이 사라진 것이다. 건망증이 있기야 하지만 설마 방금 한 행동까지 그새 까먹었을까. 촬영한 숫자를 헤아리고 태연한 척 사진들을 정리하면서 오달지지 못한 나에게 화가 났다. 그때 앙바틈한 체구의 녀석이 주먹을 꼭 움켜쥔 채 주위를 왔다 갔다한다. 내게 할 말이라도 있는 것처럼 힐끔거리기까지.

녀석과 눈이 마주친 순간 본능적으로 알아챘다. 촬영하자마자 모습이 나타나는 게 신기해 집어 들었을 것이다. 갖고 싶으니 한 장 더 찍어달라면 해줬을 텐데, 상대에게 동의를 구하지 않고 말없이 가져가는 행위가 어떤 결과를 불러오는지 누구보다 잘 알 텐데….

순간 내 생각은 제멋대로 머릿속을 휘저으며 상상의 나래를 펼치기 시작했다. 단순히 호기심이 발동해 자발없이 가져갔을 것이다. 그 행위가 민망해 눈치만 살폈을 아이는 안중에 없고, 내가 지닌 잣대로 녀석의 행동을 저울질하고 판단하는 치졸함이 날개를 달고 푸드덕대는 것 같았다.

내 눈치를 살피던 녀석은 손바닥에 붙다시피 감춘 사진을 내밀었다. 아버지한테 주고 싶은 생각이 먼저 들었단다. 그 아이 아버지는 지방을 오가며 물건을 실어 나르는 트럭 기사인데 면회 때문에 걱정할까 봐 사진을 보내주고 싶었다고 했다.

즐거움을 주려고 한 일이 상처를 건드린 격이 되고 말았다. 순간적으로 내가 무슨 생각을 했을지 녀석이 알아챘을까 초조해졌다. 멋쩍은 분위기를 털어내려 더 찍어줄까 했으나 발라맞추는 것을 알아챈 것 같은 아이의 눈빛이 씁쓸해 보였다. 눈치라면 참새 방앗간 찾기만큼 빠른 애들인데, 자리로 돌아가는 뒷모습이 착잡해 보인 건 내 마음이 그래서일 것이다.

사진을 들여다본다. 두 눈 가득 그리움이 담겼거나 뚱한 표정 일색인 사진 중, 수줍게 미소 띤 녀석의 얼굴을 찾아냈다. 털어놓고 싶은 사연이 새나올까 꼭 다문 입술 끝이 위로 살짝 올라가 있다. 내 성격이 조금만 습습했다면 녀석은 사진 한 장으로 종일 마음이 따뜻했으리라.

길을 잘못 든 거라면 되돌아 나오면 그만이지만, 고봉의 아이들은 자주 길을 잃는다. 자신의 모습이 선명하게 드러난 사진을 들여다보며 무슨 꿈을 품었었는지 옛 생각을 떠올려보고 새롭게 각오를 다지자는 의도였는데.

냇가나 강 주변에 울퉁불퉁한 돌이 쭉 깔린 곳을 서덜이라고 한다. 함부로 발을 내딛으면 균형을 잃고 넘어지기에 십상인데 고봉 아이들이 앞에 놓인 서덜길을 제대로 걸으려면 누군가 손을 내밀어야 한다.

난 그들 중 하나일 수 있다고 여겼다. 그저 에멜무지로 다가가다 보면 마음이 통해 상대도 손을 내밀 거로 생각했다. 하지만 번번이 내 안에 똬리 튼 편견은 이렇게 제멋대로 작동해 당황스럽게 한다. 그럴 때마다 오금이 풀리듯 진이 빠져나가는 심정이다. 사람마다 주어지는 그릇의 크기가 다르다고 한다. 어느 정도가 되어야 사람 마음을 담아낼 수 있을까.

(2007. 7)

부활을 꿈꾸다

 어린 시절을 보낸 인천은 변두리에 염전을 품고 있었다. 황금이 울고 갈 만큼 영화로운 나날을 보냈던 소금은 나라 간 전쟁의 빌미가 되기도 했고 중세 유럽 군인의 월급으로 제공되기도 했다. 하지만 대량생산으로 과거 영화는 사라지고 특히 국물음식이 많은 우리나라는 성인병의 요인으로 지목되기도 한다.

 유명 요리사들이 최고의 품질로 쳐주는 소금이 있다. 프랑스 게랑드 지역에서 예전 방식대로 생산해내는 토판 천일염이 주인공이다. 정제되지 않은 게랑드 갯벌에서 생산되는 소금은 자연과 인간이 만들어낸 합작품이다. 소금을 생산해내는 염부를 일컫는 빨루디에는 일정 교육을 통해 자격을 인정받는데 자부

심도 대단하고 사람들로부터 존중받는다.

천일염 성분만으로 보면 우리 소금 역시 게랑드 소금에 조금도 밀리지 않는다. 천혜의 조건을 갖춘 지형과 풍부한 미네랄 성분까지 지녔음에도 명맥조차 이어가지 못한 것은 정책의 부재 탓이다. 오랫동안 광물로 분류되어 천일염은 밥상 위에 오를 수 없었다. 최근 식품군으로 제자리를 찾았다 하니 소금밭에 신바람 불 날만 남은 것인가. 바람과 햇볕이 만들어내는 자연의 선물, 늦었지만 이제라도 소금의 가치를 인정한 것은 다행이다.

전라남도 신안 앞바다 크고 작은 섬에는 염전이 그림처럼 누워있다. 내가 속한 단체에서 집단으로 구입하는 소금도 근처 임자도에서 생산된다. 방죽을 따라 서 있는 소금 창고의 행렬은 건축 예술을 보듯 아름답고 낭만적이다. 예전처럼 수차를 돌려 바닷물 들이는 모습을 볼 수 없는 것은 조금 섭섭하다. 요즘 천일염의 가치가 알려지며 도시로 떠났던 젊은이들이 염부의 길을 걷고자 귀향하는 일이 심심치 않게 일어난다고 한다. 그들의 노력으로 시설은 자동화되고 소금의 질은 높아졌지만 아직은 돌쟁이 걸음 걷듯 불완전하다.

광물에서 식품으로 신분이 바뀐 후 천일염은 사람들 관심을 한몸에 받고 있다. 그런데 어쩐 일인지 현실은 염부의 서걱거리는 등판처럼 짜디짜다. 이미 시장은 중국한테 잠식당해 침몰 지경이다. 더구나 겨우 버티고 있는 소금 시장을 완전히 석권하기 위해 시설을 재정비해 골리앗처럼 들이닥칠 모양이다.

하지만 희망은 끈을 놓지 않으면 결코 외면하지 않는다. 암연에서 채취하는 중국 소금엔 미네랄이 들어있지 않다. 짠맛으로 치자면 최고일 테지만 좋은 소금의 조건이 염도만은 아니다. 짭짤하면서도 부드럽고, 단맛의 여운이 느껴지는 깊은 맛이 우리 천일염의 진정한 맛이다. 명품 소금의 맛이라 해도 손색이 없다. 굵은 정육면체 소금 알갱이 하나를 집어 입에 넣는다. 쓰지 않은 짠맛이 도는가 싶더니 끝 맛은 달다.

우리가 천시해 왔던 소금의 진가를 알아본 나라들은 일찌감치 여러 부문에서 부가가치를 올리고 있다. 이웃하고 있는 일본에서도 염전에 관한 관심은 지대한 모양이다. 경제논리에 설 자리를 잃었던 소금밭이 과거 하얀 황금의 영광을 재현해 줄 효자임을 안 것이다. 단순히 소금의 질을 높이는 것뿐 아니라 관광객을 불러들여 체험의 장으로까지 영역을 확대한 그들의 상술은 감탄사를 연발하게 한다.

지구촌 어느 지역보다 천혜의 조건을 지녔음에도 잘못된 정책으로 가치가 폄하되었던 것을 이제 돌려놓아야 한다. 바람과 햇볕이 만나 하얗게 소금꽃 피는 날 염부 얼굴 가득 환하게 피어날 웃음꽃을 자꾸 그려 본다.

그동안 외면했던 소금의 가치, 더디게 오해와 굴욕의 시간에서 벗어나는 중이다. 그런데 오해 속에 시간을 견딘 것이 진정 소금뿐일까.

(2009. 11)

괜찮아

최근 모 케이블 방송 <슈퍼스타 K>의 최종 승자 이야기가 화제다. 영국의 브리튼즈 갓 탤런트 한국판이라 해야 하나. 평범한 사람들의 숨은 재능을 확인하는 것도 재미있고, 꿈을 향한 열정 지닌 사람들을 보는 것도 즐겁다.

며칠 전 일이다. 휴대전화 판매원에서 일약 세계적인 성악가가 되어 희망의 아이콘으로 급부상한 영국의 폴 포츠가 소년원을 다녀갔다. 가슴 한켠에 상처 하나씩 꼭꼭 숨긴 아이들에게 그가 부른 노래가 커다란 위안이 되었길 바란다.

독서 수업을 하며 폴 포츠가 남기고 간 이야기에 감동했다는 아이들 표정을 꼼꼼히 들여다보았다. 혹시 이 중에 제2, 제3의 폴 포츠가 숨어있는 것은 아닌지, 혹 조력자를 만나지 못해

진흙 속에 내던져 있는 것은 아닐까. 갖가지 생각을 하며 아이들 모습을 바라보았다.

수업 내내 유명세를 치르면서도 눈빛이 변하지 않은 폴 포츠와 <슈퍼스타 K>의 우승자 얼굴이 어른거렸다. <슈퍼스타 K> 우승자인 허각의 인생스토리는 폴 포츠만큼 극적이다. 환풍기 설치하는 일을 생업으로 삼았지만 노래를 부를 수 있다면 어떤 무대든 마다하지 않아 행사가수라는 꼬리표가 붙어 다닌다고 한다. 게다가 특별할 것 없는 외모나 중졸이란 학력은 극적이다. 그에게 표를 던진 수많은 누리꾼들이 원한 것은 무엇이었을까. 그가 이뤄내는 꿈에 동참해 한 편의 판타지를 완성하고 싶었던 것은 아니었을까.

비리와 부정을 저지르고도 미꾸라지처럼 빠져나가는 고위공직자의 위선에 지칠 대로 지쳐 동화 속에나 나올 법한 일을 기대하게 된 것은 아닌지. 성실하게 역경을 딛고 자신의 꿈을 향해 묵묵히 걸어가는 그와 같은 사람이 성공하고 갈채 받는 모습을 보며 대리만족을 하고 싶었으리라.

고인이 된 영문학자 장영희 씨는 소아마비를 앓았어도 친구들에게나 사람들에게서 소외감을 느끼지 않았다고 했다. 어릴 적 친구들은 몸이 불편한 그네를 위해 놀이에 참여할 방법을 찾아내 장영희가 웃을 수 있게 배려했단다.

어느 날 친구들을 기다리느라 문 앞에 오도카니 앉아있을 때 엿장수가 나타났다. 엿장수는 꼬마 장영희에게 깨엿 두 개를 손에 쥐어주며 "괜찮아"라고 말해주었는데, 그 말의 의미를 헤아리기 전에 가슴이 따뜻해지는 것을 느꼈다고 했다.

장애를 지닌 꼬마 아이에 대한 엿장수의 동정이었을지라도 선의를 지닌 말 한마디는 이후 살아가는 내내 긍정적으로 세상을 바라볼 기회가 됐다고 한다. 누군가로부터 괜찮다는 말을 들었을 때 느끼는 안정감과 편안함은 참으로 기분 좋은 감정이다.

독서수업을 위해 소년원을 방문할 때마다 인생역전이란 단어를 떠올린다. 십 년 넘게 드나들며 뿌듯함이나 흡족한 마음인 적은 한 번도 없었다. 매번 안타깝고 화가 나거나 아쉬운 감정만 들었다. 그들의 실수에 대해 괜찮아, 누구나 실수는 할 수 있단다, 얘기할 수 있는 용기를 내기가 어려웠다.

지금도 나는 아이들과 눈 맞추며 "괜찮아." 하고 말해 주는 상상을 한다. 하지만 아직 괜찮아 소리를 하지 못한다. 아이들한테 분명 위로가 되고 용기를 주는 말일 텐데, 세월이 흘러도 그들의 눈을 들여다볼 용기가 없는 탓이다. 어릴 적부터 방치

또는 사랑받은 기억이 없는 애들이 태반인데 어설픈 동정으로 비칠까 염려가 앞서기 때문이기도 하다.

폴 포츠의 노래와 사연이 아이들의 가슴을 온통 흔들어놓고 간 것은 틀림없다. 그의 인생역전을 지켜보며 자신들 삶도 얼마든지 바뀔 수 있다는 긍정의 씨앗을 뿌리고 간 벽안의 그가 참 고맙다. 그토록 오랫동안 들락거리며 해내지 못한 것을 그가 한 것은 아마도 편견 없는 순수함과 진솔함이 통한 결과이리라.

아이들이 공감했던 순간의 기억이 앞을 밝혀주는 등대 노릇을 해준다면 얼마나 좋을까.

(2010. 8)

3.
색色 뿌리는 남자

알지도 못하면서
레코드판에서 기억을 찾다
수련
부러우면 지는 거야
색色 뿌리는 남자
송충이 본색
낙화의 의미
을왕리
터
플라타너스
그곳에 가면

알지도 못하면서

　장맛비가 세차다. 나뭇잎마다 초록은 더욱 짙은 빛으로 반짝인다. 단체휴식에라도 빠진 듯 편안해 보이는 학의천 가의 상큼한 초록 물결 사이로 붉은 빛이 아른거린다. 얼마 전 달콤한 향을 뿌리며 꽃을 피운 자귀나무다. 상수리나무와 느티나무 일색인 곳에 두 그루의 자귀나무는 장마철이 될 무렵 꽃을 피운다.
　화사한 색감으로 치장한 자귀나무 꽃은 번번이 세찬 빗방울에 절정에 도달하지 못하고 기세가 꺾인다. 좀 더 일찍 개화하거나 조금만 늦게 시기를 조정하면 올곧게 향과 꽃을 감상하련만. 우산을 받친 채 다가가니 자귀나무 잎들은 나비가 날개 접듯 찰싹 붙어 있다. 합환목이란 이름으로 불리는 이유이기도 하다.

자귀나무를 뜰 안에 심으면 부부금실이 좋아진다는 말이 있다. 실제로 그런지 확인할 방법은 없다. 나무 생태를 사람의 잣대로 의미 붙인 결과일 것이다.

자귀나무 못지않게 이파리끼리 등을 맞대는 식물 중 사랑초는 진짜 밀어를 나누는 것처럼 다정하다. 옥살리스란 학명도 있고 쥐손이풀목 괭이밥과 여러해살이풀로 엄연한 소속이 있음에도 사랑초라 부르는 것이 익숙하다. 하트모양을 띤 이파리 때문일까.

우리 집 베란다 한쪽에 입주한 지 십여 년이 돼가는 사랑초가 살고 있다. 자줏빛 이파리가 바람이 불면 나비 떼처럼 팔랑거린다. 세 장씩 맞붙은 이파리를 들여다보면 추상 화가의 붓질이 스친 것 같은 세련된 문양이 멋스럽게 새겨 있다. 엄지와 검지로 누르면 짓이겨질 정도로 연약한 줄기지만 생명력은 소 힘줄만큼이나 질기다.

사구아로 선인장을 빼닮은 선인장 화분에 씨앗이 떨어졌는지 사랑초 한줄기가 삐죽 솟았다. 뽑아내려다가 그대로 두었다. 물을 자주 주지 않는 선인장 곁에서 얼마나 버티겠어 하는 마음이었다. 그런데 웬걸, 시간이 갈수록 무성한 붉은 이파리들이 선인장을 둘러싸더니 화분의 주인공이 누구인지조차 헷갈릴 정도로 그악스럽게 포기가 늘어나는 것이다.

결국, 모양 좋게 곁가지를 키우던 선인장이 몸살 앓는 게 보여 사랑초 전부를 뽑아냈다. 그러고 보니 화분 관리를 게을리하면 여지없이 여기저기서 붉은빛을 띤 사랑초 줄기가 솟아난다. 여린 가지에 조롱조롱 매달리며 핀 꽃의 앙증맞은 모습을 좋아한다. 그런데 한 마디 인사치레로 건넨 말에 염치없이 찾아오는 영업사원 같은 느낌이 들어 나는 그다지 사랑초를 사랑하지 않는다. 특히 부드러운 목소리에 상냥함까지 담아 보험 가입을 권하거나 카드 사용을 재촉하는 홍보성 전화는 구접스런 사랑초 행실과 똑 닮았다.

세상에는 저마다 존재 이유를 지닌 생명체로 가득하다. 정해준 화분에 만족하지 못하고 여기저기 씨를 퍼뜨리는 사랑초도 유전자 깊이 저장된 종족 번식의 본능을 따랐을 뿐이다. 내가 예뻐하든 미워하든 개의치 않고 영역을 늘일 수 있을 만큼 애썼을 것이다. 하지만 의미를 붙여주는 누군가를 만나면 상황은 달라진다. 불가의 인연설이 아니어도 내가 사는 공간에 사랑초가 들어오며 의미 지닌 하나의 개체로 자리 잡았다.

정성껏 골라심은 화분에서 죽죽 줄기 뻗으며 자라나 꽃을 피울 때만 해도 사랑스럽고 예쁜 화초였다. 당신을 버리지 않겠어요, 란 꽃말은 얼마나 의리 있는가. 저녁이면 하트 모양의 이파리들이 서로 맞대고 있는 폼이 사이좋은 오누이를 연상하게 했고, 도르르 말린 꽃봉오리가 주름을 펴면 어느 물감으로도 흉내 낼 수 없는 색감에 감탄이 절로 나왔다. 하지만 주인의 폭포수 같은 사랑에 오만하고 무람없는 사랑초의 행각은 응징의 대상이 되고 말았다.

베란다에 놓인 화분마다 비죽비죽 고개 내미는 사랑초는 지칠 줄 모르는 번식력 때문에 밉상이 돼버렸다. 출산장려로 고민 중인 요즘의 시류와 역행되는 일이나 나는 지정되지 않은 곳에서 사랑초를 볼 때마다 뿌리까지 확실하게 제거하는 중이다. 남의 터를 넘보는 짓은 아무리 식물이라도 보아 주기 힘들다. 사람에게 퍼붓지 못하는 소심함을 힘없는 식물에 마음껏 한풀이 중이다.

사람과 사람 사이에도 서로 존중해야 할 거리가 존재한다. 거리를 무시하고 지나치게 다가가면 서로에게 상처 주는 어리석음을 저지르게 된다. 정이란 낱말은 마음의 긴장을 느슨하게 하지만 때로는 봇물 같은 사랑이 상대를 지치게 한다. 사랑에도 적절한 절제가 필요하다. 사람 사이의 거리가 어느 만큼인지 보이지 않으니 재볼 수 없는 일이다. 하지만 관심이란 이름으로 조율하다 보면 마음이 자연스레 알아차린다. 작은 배려조차 귀찮다면 좋은 관계는 소원할 뿐이다.

옥살리스가 사랑초로 불리는 순간 괜한 호의를 품었는지 모른다. 이름을 어떻게 짓든 식물의 생리가 바뀔 리 없다. 주어진 환경 속에서 어떻게든 살아갈 뿐인 식물을 앞에 두고, 잘 알지도 못하면서.

(2009. 6)

레코드판에서 기억을 찾다

 이삿짐을 싸거나 집안 정리를 하면서도 버리지 못하는 것들이 있다. 내게 레코드판이 그런 축에 속한다. 오래되고 망가진 턴테이블은 버렸지만, 레코드판만은 언제나 있던 자리에 고스란히 남았다. 턴테이블이 사라진 자리는 CD가 대신하니 음악에 대한 갈증이나 아쉬운 것은 없다. 잡음 하나 없는 CD의 투명한 음색은 귓속 깊이 스며들어 목욕을 막 끝냈을 때 같은 청량함을 선사했다.
 콤팩트디스크가 하나씩 둘씩 늘어날 때도 레코드판들은 키다리와 장다리처럼 나란히 놓여 있었다. 날씨가 궂거나 비라도 내리는 날엔 바늘 끝이 읽어내는 레코드판의 따뜻한 소리가 듣고 싶다는 생각이 욕망으로 자리 잡았다.

레코드판을 과거로 향하는 비상구인 양 껴안고 사는 모양새에 청승도 팔자라던 남편은 이곳저곳 쇼핑몰을 드나들었다. 결혼기념일이 다가오는 것과도 무관하지 않으리라. 결국, 오디오 기기에 딸린 부속물이 아닌 턴테이블만 달랑 사 들고 왔다. 집에 있는 기기에 접속할 수 있는 걸 찾느라 늦어졌다며 케이블을 연결해 주었다.

허리 한번 펴지 못하고 오랜 세월 꼿꼿이 서 있던 레코드판을 꺼내보니 과거가 한꺼번에 와락 품 안으로 달려들었다. 점심값을 아껴 레코드판을 사고 커피 한 잔이면 행복했던 젊은 날이 파노라마처럼 펼쳐진다. 금전의 향락을 누린 유일한 내 취미이기도 했던 것도 떠오른다.

하지만 귀는 얼마나 간사한가. 그새 CD의 완전무결한 음에 익숙해져 바늘이 읽어내는 소리가 거슬렸다. 한쪽 면이 끝나면 판을 뒤집어 바늘의 위치를 잡아줘야 하는 번거로움, 제대로 관리가 안 된 레코드판의 지지직대는 소리는 소음처럼 귀를 괴롭혔다.

괜한 짓을 했다는 생각에 마음이 복잡해졌다. 오랫동안 햇살 구경 한 번 못한 레코드판이 전성기 때처럼 재생될 거라 믿었던 마음은 얼마나 이기적인가. 먼저 배신해 놓고 상대의 예전

같지 않음을 따져댄 형색이다.

　육안으로 보기에 보존상태가 양호한 레너드 코헨의 판을 틀어보았다. 지직거리는 소음에 이어 묵직한 그의 음성이 따뜻하게 귓속을 파고든다. 온몸의 근육이 풀어지며 감정의 무장해제를 느낀다. 잊었다고 여겼던 젊은 날의 열망이 재생되며 혈관을 요동친다. 마치 어제 기억처럼 생생하게 그 시간이 되살아났다. 어떻게 그토록 까맣게 과거를 잊고 살 수 있을까.

　기억은 생생하게 살아나 유체이탈이라도 한 것 마냥 그때 그 시절로 나를 데려갔다. 공연을 보듯 내 어설프기만 한 날들이 눈앞에서 펼쳐진다. 지금이라면 하지 않았을 결정과 실수들, 웃음도 나오고 얼굴이 화끈거리기도 하다.

　빠름 속에서 찾은 느림의 미학이 이런 게 아닐까. 빨리빨리 빛의 속도로 전진, 잠깐이라도 한눈팔다간 추월당하고 말 거라는 강박증에 곳곳에 시계를 걸어놓고 산다. 경쟁 속에서 도태되는 순간 마치 삶도 끝장이란 생각에 옆도 뒤도 돌아볼 새 없이 앞만 보고 내달려 왔다.

　몸은 이미 과부하가 걸려 쉬어가자고 하소연하지만 귀 기울여줄 여유가 없다. 사는 일이 팍팍하다 느껴도 남들이 눈치채지 않게 가면을 쓰다 보니 이젠 마치 내 살처럼 느껴진다. 그랬으리라 그들도.

　연이어 명문대생의 자살 소식이 들려온다. 남들의 부러움을 한몸에 받으며 세상의 주연으로 살았을 그들에게도 남모를 아픔이 있었을 것이다. 경쟁에서 소외될까 노심초사했을 것이고, 주변의 기대에 어깨는 늘 무거웠을 것이다. 허리 한 번 펴지 못한 경직된 몸속에 갇힌 영혼은 퍼낼 샘이 더는 없다고 몸부림쳤을지 모른다.

　신문에선 그들의 죽음을 둘러싸고 의견이 분분하다. 제도가, 사회가 그들을 죽음에 이르게 했다고도 하고 앞만 보고 달리다 뒤처지는 것을 견디지 못해 그렇다고도 한다. 공부 능력은 탁월해도 위기에 대처하는 기술을 배우지 못해 극단적인 선택을 한 거라 말하는 이도 있다.

　정상이란 위치는 얼마나 위태로운가. 이미 세상 경계 밖으로 떠난 그들에게 질문한들 돌아올 답은 없다. 누구에게나 똑같은 길이로 주어지는 게 삶은 아니다. 살아있음과 이별해야 하는 종착역이 어딘지 처음부터 알고 있다면 견디는 힘이 생겨났을까. 현재 겪고 있는 고통이 끝없이 되풀이될 것 같은 공포에서 끝내 벗어나지 못할 것 같은 두려움이 빚어낸 결과로 살아있는 사람은 한동안 아픔을 끌어안고 살아야 한다.

낡은 레코드판 위에서 바늘은 왈츠를 추듯 매끄럽다. 과거라는 이름으로 잊었다고 생각했던 시간들이 팔팔하게 살아나고 있다. (2011. 10)

수련

 달콤한 향기가 코끝에 닿는다. 눅눅함을 한순간에 몰아낸 햇살만큼이나 상쾌한 향기다. 향의 주인공은 노란 꽃을 피운 수련이다. 수면과 밀착하다시피 떠있는 수련의 뽀얀 속살이 햇살의 이끌림을 따라 드러난다. 꽃잎 안쪽으로 투명한 달걀 노른자처럼 샛노란 수술과 암술이 소복하다.
 모네의 정원을 장식한 수많은 꽃 중 으뜸은 수련이다. 후덕하고 넉넉한 연잎의 동그라미에 미치지 못하나 시작과 끝을 드러내듯 이파리 한쪽에 길을 낸 수련은 반듯하다. 동그라미 한쪽이 트여 양 잎이 만나지 못하는 이파리는 모나고 까칠한 내 속을 보는 듯하다. 먼저 나온 이파리들로 인해 뒤이어 나오는 잎들은 줄기를 한껏 늘여 허리를 곧추세우듯 서 있다.

그러나 모네가 그린 수련의 주인공은 꽃이 아닌 빛이다. 수련의 형태만 있을 뿐 전혀 꽃 같지 않은 그림을 채운 것은 햇살이다. 티 없이 맑은 햇살을 받으며 서서히 꽃잎 여는 수련을 볼 때마다 헉하고 숨이 막힌다.

꽃잎은 정오의 햇살이 닿자 스스럼없이 가진 것을 모두 내보인다. 겹겹이 쌓였던 마지막 잎이 벌어지고 청초한 난향 같은 그것이 솔솔 새나온다. 장미의 농염함과는 거리가 먼 수줍은 향이다. 종이를 오려 붙인 듯 자로 재단한 것처럼 꽃잎의 길이는 정확하다. 손을 뻗어 만지자 금세 이지러질 듯 연약한데 보기엔 강단이 있어 보인다.

어른 손바닥만 한 꽃은 무성한 초록 이파리 속에서 군계일학 같은 존재다. 오래도록 눈 맞추며 꽃을 들여다본다. 그러나 등허리가 꺾인 햇살이 오후의 그늘 속으로 가라앉기 시작하자 한껏 벌렸던 꽃잎은 서서히 닫힌다. 짧은 개화, 수련睡蓮이란 이름이 붙은 이유이기도 하나 조금은 섭섭하다. 정인을 향해 어렵게 고백한 사연이 외면당한 것처럼 무안하기도 하다. 철옹성처럼 열릴 기미가 없는 꽃송이를 그래도 미련을 못 버리고 들여다본다.

아파트 베란다 자배기 속에서 피어난 수련은 창을 통해 들어오는 햇살 속에서도 용케 시간의 흐름을 감지한다. 태양 충전지가 숨겨져 있는 것도 아닌데, 여름날 오후는 아직 빛을 거둘 기미가 없는데 하루 일과를 접은 채 시치미 뚝 떼고 있는 모양새가 능청스럽다. 무정하기까지 하다.

식물을 키우다 보면 감정이입이 되어 무언의 대화를 나눈다. 화답 없는 일방적인 나만의 수다로 끝나 중얼거림은 멈출 줄 모른다. 진디 같은 벌레가 꼬이면 얼마나 간지럽고 귀찮았을까 미리 보살펴주지 못함을 사과하기도 하고 밤새 꽃을 내놓기라도 하면 산바라지 하는 어미 같은 심정이 된다.

특히 수련 줄기엔 새까만 벌레가 많이 꼬인다. 수액을 양분 삼아 매달려 있는 모습은 징그럽기 짝이 없다. 오래된 떡잎은 힘을 잃고 물속에 가라앉는데 물고둥한테는 세상에 없는 천상의 식탁이다. 다닥다닥 붙어 잎을 갉아 먹는데 그 하는 양이 어찌나 알뜰한지 감탄이 절로 나온다. 세상에 의미 없이 태어나는 존재는 없다는 것을 증명이라도 하듯 움직임이 씩씩하다.

자배기 안에서 수련을 둘러싸고 일어나는 일들은 우리 세상을 축소라도 해놓은 듯 사건의 연속이다. 풍족한 먹이가 있고 짝짓기를 통해 새끼를 번식시키는 일이 식상한지 유난히 자배기 밖 세상 속으로 탈출을 감행하는 녀석들이 꼭 있다. 길게 뻗은 수련 줄기가 다른 세상으로 향하는 비상구나 되는 듯 열심히 기어올라선 베란다 바닥으로 떨어진다. 결과는 늘 참혹하다. 물기 없는 베란다 바닥에서 말라죽거나 운 좋게 우리 가족 눈에 띄면 구사일생의 기회를 얻는다.

  아름다운 꽃을 기대하며 정성 들인 것에 비하면 한없이 박한 개화지만 그래서 더욱 수련의 존재가 귀하다. 바람이 어루만지고 강렬한 햇살을 올곧게 받을 수 있는 바깥이라면 오래도록 꽃을 피웠을까. 이삼일에 불과한 개화가 아쉽기만 하다. 짙푸른 연잎만 가득한 자배기 속에선 내 마음과 상관없이 생명이, 움직임이 부지런하다.

(2010. 8)

부러우면 지는 거야

토요일 아침이면 텔레비전 앞에 자리 잡고 앉아 <걸어서 세계 속으로>란 여행 프로를 시청한다. 이런저런 이유로 떠나지 못하는 나를 세계 곳곳으로 데려다 주니 고맙기로 따지면 영 순위를 내줘도 아깝지 않다. 가까운 아시아 국가부터 아프리카 미주대륙을 거쳐 유럽 더구나 동토의 땅이란 이름으로 불렸던 구소련연방의 크고 작은 나라까지. 시청하는 동안 내 눈은 깜박임도 잊은 채 카메라가 이끄는 대로 온순하게 따라다닌다. 물론 입에선 아, 또는 야아 하는 감탄이 그칠 새 없다.

이번 주 카메라가 찾은 곳은 구소련 연방에서 독립한 리투아니아란 나라다. 발트 해 연안에 있는 영토는 그다지 넓진 않지만, 화면에 비친 자연풍광은 낙원이란 낱말을 붙여도 좋을 것만 같다. 달력에서 보았던 호수 위 트라카이 고성 풍경이 그림이 아닌 실제 모습인 걸 확인한 것도 신선하고 세계명작동화의 삽화 같은 도심의 건물 속에 사람이 사는 것도 경이로웠다. 옛 전통을 재현하는 축제를 통해 나라를 자랑스러워하는 그들의 해맑은 미소는 어찌나 보기 좋은지.

텔레비전 프로그램은 제작진의 의도에 따라 담기는 주제가 선명하기 마련이다. 우리 삶이 예전보다 한결 나아졌다는 것을 반영하는 것이 텔레비전 프로그램이다. 지상파 방송에서 여행이나 음식, 예술 관련 프로그램이 늘어난다는 것은 시청자들의 관심이 그만큼 다양해지고 있음을 보여주는 것이리라.

여행이란 나와 다른 사람들 삶을 들여다보며 몰랐던 또는 잊고 지냈던 가치를 깨닫는 것으로 생각한다. 특별한 깨달음이 없어도 세상 밖에 저마다의 방식대로 살아가는 사람들이 존재하고 있음을 알아가는 것도 소박한 재미일 것이다. 유럽 북부 작은 나라 리투아니아 사람들의 면면을 짧은 시간 안에 이해하기는 힘들지만 화면을 통해 그들의 정서와 마음가짐이 고스란히 느껴졌다.

얼마 전 서울의 선술집 모습이 그대로 남아있던 피맛골이 헐렸다. 도심 재개발이란 미명하에 우린 추억이 서린 곳도 옛

문화가 담긴 곳도 서슴없이 부순다. 어떻게든 보수하고 의미를 살려 보존할 생각보다 경제논리 앞에 집단 최면에 걸린 것처럼 한 방향만 바라본다. 스스로 전쟁의 폐허 속에서 이만큼 고도성장한 나라가 없다며 자화자찬하는 것도 빼놓지 않는다. 곧게 뻗은 도로와 잘 짜인 지하철 노선, 하늘을 찌를 듯한 마천루 일색의 도시가 지상 과제인 양 청사진은 날로 화려해진다.

좁은 영토에 많은 사람이 모여 살다 보니 그럴 수밖에 없지 않으냐 우리도 한번 잘 살아 봐야 하지 않겠냐며, '하면 된다'를 신념처럼 품고 살았다. 그것이 우리가 살아남는 길인 것처럼. 그러다 만난 벽안의 신사 앞에 부끄러움을 느꼈다.

개발의 손길이 야금야금 뻗쳐오는 것을 온몸으로 막아서는 사람들 속에 그가 있다. 피터 바둘로뮤 씨는 35년째 서울 동소문동 한옥에서 사는 푸른 눈의 미국인이다. 젊고 푸른 날 평화봉사단의 이름으로 전쟁의 후유증을 앓고 있던 우리 땅을 찾아왔다고 했다.

우연히 한옥을 접한 후 사랑에 빠졌고 시간이 갈수록 그 사랑은 깊어만 간다고 했다. 그의 한옥 예찬을 듣다 보면 본능적으로 어깨가 으쓱해진다. 편리함과 경제성을 내세워 아파트 생활을 하지만 타인에 의해 우리 것의 칭찬을 듣자 갑자기 내가 특별한 사람인 것 마냥 잘나 보이는 것이다. 하지만 그의 일침은 아프다. 옛것을 허물고 새로 만드는 발상은 개발도상국의 대표적 사고방식이란다.

옛것과 새것을 적절히 조율해 공존하는 일, 어렵고 시간이 걸리더라도 훗날을 생각한다면 지금보다 신중해야 하지 않을까. 생활 곳곳에서 오천 년 역사의 숨결을 느낄 수 있게 산다는 것이 생각처럼 쉽지만은 않겠지만 말이다. 좁다란 골목 하나에도 지저분하고 복잡한 시장통에도 담긴 세월 속에 녹아 있는 삶의 무게는 결코 녹록하지 않기 때문이다.

<걸어서 세계 속으로>란 여행 프로그램을 보면 국민소득을 낼 수조차 없는 나라라도 자신들의 전통을 지키기 위해 애쓰는 모습을 많이 접한다. 커피농사를 짓는 남미의 농부는 새까맣게 그을린 자신의 주전자를 통해 나름의 역사를 자랑하고, 사막의 불편하기 짝이 없는 생활을 감내하며 전통을 고수하는 부족에게선 자존심이 느껴진다. 그러면 나는 우리는 무엇을 그들 앞에 내놓을 수 있을까. 오천 년이란 상상할 수 없는 숫자의 무게만큼 내 것에 대한 사랑도 비례하고 있는지 스스로 반문해 본다.

아파트 밖은 사방이 똑같은 풍경이다. 시멘트로 이루어진 거

대한 성곽 속에서 살다 보니 뭔가 개성 있게 행동하는 사람을 보면 부러움과 불편한 감정이 동시에 든다. 남과 다른 삶을 꿈꾸면서 비슷한 무리에 끼어 있을 때 편안함을 느끼다 보니 생각과 행동이 엇박자를 이룬다. 벽안의 한옥 사랑에 부끄러운 마음인 것은 어렵다고만 생각했던 일을 그가 실천하고 있기 때문일 것이다.

(2009. 10)

색色 뿌리는 남자

 소슬한 바람이 분다. 느티나무 가지 끝을 에돌아 바람 지나가는 자리를 훑는 내 눈에 그가 들어왔다. 처음에는 한 점으로 보이더니 점점 형체를 띤 사물로 고정됐다. 창공을 날고픈 이카로스의 분신인가, 그는 바람이 부는 대로 몸을 맡기고 있다.
 아파트 곳곳에 유치원생 작품 같은 선들이 난삽하게 그어졌다. 본격적인 외벽 도색이 시작되기 전 금가고 해진 곳을 보수한 흔적들이다. 불규칙한 선들로 건물은 금방이라도 붕괴할 듯한 불안감을 흩뿌렸다. 삼풍백화점처럼 와르르 가라앉는 환영이 눈앞에 펼쳐지기도 한다. 더구나 벽을 칠하는 일이 잦은 가을비로 차일피일 미루어지자 선으로 가득한 아파트 단지는 흉물스럽게 보였다.

드디어 옥색 천을 펼쳐놓은 듯 맑은 날이 찾아오자 본격적인 도색작업이 시작되었다. 달포 넘게 방치되었던 건물에 화색이 돌기 시작했다.

그는 중년의 페인트공들 틈에서 군계일학처럼 빛났다. 허우대가 좋은 탓인지 젊음 탓인지 힘들고 잡다한 일들을 묵묵히 해내고 있었다. 담벼락을 따라 페인트 통을 가지런히 쌓아두거나 사다리 같은 등속을 정돈하는 것, 담배 연기를 흘리거나 등걸잠으로 휴식을 취하는 동료와 달리 그의 손은 부산했다. 종종 남루한 작업복과 마주쳤는데 모습이 기억나지 않는다. 얼굴이 반쯤 덮이게 푹 눌러쓴 모자 때문에 실루엣만 그려질 뿐이다.

그가 허공에 걸려 있다. 아까부터 움직임이 없다. 위태위태해 보이는 줄 하나에 의지해 휴식을 취하는 것인지 면벽 수도를 하는 것인지. 설마 아득한 높이에 매달려 조는 것은 아닐 테지, 베란다 창으로 그를 지켜보는 내내 조바심이 난다.

잠시 후 그의 줄타기가 시작되었다. 고소공포증이 있는 난 놀이기구 탈 때도 식은땀이 난다. 고층 아파트에 살며 웬만큼 적응됐겠지 했다가도 문득문득 배꼽 밑이 간질거리며 매시근해지는 증세를 경험하곤 한다. 비행기를 조종하거나 번지점프를 하는 사람들 심장은 보호막이라도 두른 걸까. 내게 한 번의 생이 덤으로 허락된다 해도 상상 못할 일이다.

그는 외줄에 의지한 채 26층 높이에 매달려 색을 뿌리고 있다. 곰바지런한 그의 손길이 스쳐 간 외벽은 분단장한 여인처럼 다소곳하다. 그는 항시 귀에 리시버를 꽂고 있었다. 입은 닫고 귀는 한껏 열어 무슨 소리를 듣는 걸까. 천상의 소리일까. 그의 쿵쾅대는 심장을 차분하게 가라앉히고 발밑 허전한 공포감을 밀어내는 음악일까. 아마 줄에 매달린 지금도 귀에 리시버를 꽂고 소리를 듣고 있겠지.

젊디젊은 그가 페인트공이 된 데는 뭔가 극적인 사연이 있을 것 같다. 힘들고 폼 나지 않고 위험하기까지 한 일터에서 젊은이를 보기란 어렵다. 제삼 세계로부터 노동자를 데려와 그들이 떠난 자리를 메우는 것이 현실이다. 목의 때도 씻지 못할 만큼 고단한 살림을 사는 걸까. 그래서 위험수당이 두둑한 일을 고른 걸까. 아니면 온갖 설움으로 얼룩진 세상을 깨끗하게 칠해버리고 싶은 걸까. 어쩌면 전생에 날개 달린 무엇이었는지 몰라. 그래서 허공에 매달려 있을 때 비로소 안식을 얻는 건지도.

그새 건물 외벽은 흠집 하나 없는 상태로 말끔해졌다. 사뿐히 지상에 안착한 그는 몸을 구속했던 줄을 풀고 자유로워졌다. 저벅저벅 옆 동을 향해 걸어가는 그의 발길에 주저함이나 피로는 묻어나지 않는다. 다시 올라야 할 건물을 올려다보는 뒤태에 자신만만한 열정이 배어 나온다.

틀림없이 그는 전생에 채색공彩色工이었을 거야. 그의 손끝에서 퍼져 나온 색은 주변을 형형색색으로 물들이곤 했을 거야. 남이 뭐라든지 자신의 일을 꿋꿋하게 해내는 것이 대견해 세상으로 보내졌을 거야. 습습하고 상냥한 사람들이 어깨 맞댄 세상이 올 때까지 열심히 색 뿌리는 일을 하라는 지상 과제가 주어지고 지금 그는 성심껏 자신의 일을 해내고 있는 걸 거야.

창을 통해 그의 일거수일투족을 지켜보는 내 머릿속에서 한 남자의 인생 드라마가 제멋대로 만들어지는 중이다.

(2007. 11)

송충이 본색

한여름 땡볕을 피하는 데는 나무 그늘이 최고다. 때 이른 폭염의 계절로 접어들자 거리는 온통 반사된 빛으로 하얗다. 최대한 가늘게 뜬 눈으로 택시를 기다리던 날이다.

도로변 싱그러운 이파리 펄럭이는 플라타너스 그늘을 찾아 자리 잡고 섰는데 신발 위로 언뜻 꿈틀대는 느낌이 들었다. 내려다보니 온통 털로 무장한 벌레가 고무 냄새나는 신발을 나무 등걸이라도 타듯 열심히 기어오르고 있다. 소스라치게 놀라 발을 탕탕 굴러 떨어냈다. 옆으로 슬쩍 비켜나 바닥을 살피니 여기도 저기도 꿈틀대는 벌레들로 만원이다. 납량특집의 한 장면 같은 현실 앞에 파노라마처럼 펼쳐지는 그림이 있다.

중학교엘 다닐 때였다. 도화동 언덕 꼭대기에 있는 학교는

쌓아온 명성이 없는 신설인 것을 조경이나 건물의 위세로 대처할 요량이었는지 기세가 고압적이었다. 깔끔한 교정엔 돌탑이나 조각들이 즐비했고, 붉은 흙이 풀풀 날리던 운동장 가엔 부서진 돌멩이들이 널려있었다. 체육 시간이면 종종 운동장의 돌을 골라내는 일을 수업 대신했지만 불평은 없었다. 돌을 고르며 재잘대는 수다가 유일하게 허락된 시간이었기 때문이다.

여름이 정점으로 치닫는 날이면, 물을 반 정도 채운 양동이 들고 아까시나무와 소나무로 이루어진 숲으로 집합하라는 방송이 교내를 채웠다. 담임선생님을 따라 들어간 숲에서 반마다 구역을 할당받는다. 지루한 수학 과목을 안 하는 대신 주어진 교내 봉사활동인데, 나뭇잎을 갉아 먹는 송충이를 잡아대는 일이었다.

달랑 나무젓가락 한 벌을 도구로 꿈틀대는 송충이를 잡아 물 담긴 양동이에 넣어야 했는데, 행여 교복이나 머리에 벌레들이 떨어질까 몇 초에 한 번씩 진저리를 쳐야 했다. 한창 사춘기인 여학생이라도 유난히 영웅심이 뛰어난 몇몇은 골목대장 노릇 하는 사내 녀석들처럼 송충이 잡는 일을 즐겼다. 손가락 한 마디에 불과한 벌레가 두려워 벌벌 떨다 책임완수를 못한 아이들에겐 그날 교실청소가 벌로 기다리고 있었다. 여름이

가도록 벌건 대낮에 악몽 꾸는 날들이었다.

정기적으로 살충제를 뿌려 벌레들 확산을 막으면 될 것을 굳이 여학생들을 동원해 송충이 잡는 날을 만들어야 했는지. 발밑에서 짓이겨지는 죽음보다 수장시키는 것이 더 인간적이었는지 기억조차 희미하지만, 길바닥을 뒤덮고 있는 송충이를 보자 일순 기억은 아득한 과거로 내달리는 것이다.

송충이는 솔잎을 먹어야지 갈잎을 먹으면 죽는다 했는데, 사위를 살펴보아도 소나무 한 그루 보이질 않는다. 플라타너스 같은 활엽수만 지천이다. 나무줄기뿐 아니라, 도로 경계석 구석구석에도 털을 곧추세운 송충이들로 틈이 없다.

요즘 제선충 확산을 우려해 살충제를 살포하는 덕인지, 소나무로 이어진 가로숫길이 없어선지 도심에서 송충이를 만나기는 어렵다. 그럼에도 활엽수 일색인 가로수 이파리를 갉아 그물처럼 만드는 주범으로 오인되는 것은 왤까. 송충이라 믿어왔던 벌레는 황충이 또는 갈충이란 이름의 독나방 애벌레다.

등에 솟은 가시 같은 털이 움직일 때마다 실룩이며 손닿는 것은 무엇이든 찌를 듯한 기세다. 못났다고 징그럽다고 사람들 시선이 따가울수록 보란 듯이 가시를 곧추세운다. 이 꽃 저 꽃 사뿐히 날아다니는 나비처럼 날개 달린 나방이 될 몸이다. 상대를 유혹할 마력魔力은 없을지라도 허공을 넘나들 자유를 꿈꾸며 견디고 있을 것이다. 나비도 꿈틀대는 애벌레 시절을 참아내야 하지 않은가. 이 땅을 찾아온 낯선 피부색 지닌 노동자들처럼.

심심찮게 신문을 장식하는 제3국의 노동자들 기사는 마음을 불편하게 한다. 유토피아라 믿고 찾은 이 땅에서 나비가 되고자 했으나 독나방 취급받기 일쑤다.

저임금과 인격적인 모독까지 참아내며 그들이 이루고 싶은 꿈이란 지극히 소박하다. 힘들다고, 더럽다고, 임금이 싸다고 젊은이들이 떠난 자리를 메우며 비상을 꿈꾼다. 하지만 그들은 초콜릿색 피부색에 낯가림하는 나라가 어색할 것이다. 환영받을 거라 기대하고 오지야 않았겠지만 조금은 서운할 지도 모른다. 고국에 두고 온 가족이 떠오를 때면 그조차 사치스런 감정이라 툭툭 털어내며 불투명한 시간을 견딜 것이다. 사랑하는 가족과 친구들, 이웃과 고만고만한 삶을 소망하는 그들에게 현실은 멀리 입구를 드러낸 터널이다.

곧추세운 가시 밑에 연하디연한 피부를 꿈틀대며 견뎌야 하는 애벌레처럼 현실은 장벽만 가로놓인 것 같을 것이다. 하지만 날개가 솟아 공간을 넘나드는 자유가 그들에게도 찾아오리

라. 설령 그날이 소원해도 그들에겐 자갈밭이든 가시밭길이든 함께 해줄 가족과 친구가 있기에 다가오는 시간을 꿈꿀 수 있다. 불빛이 아닌 당당한 햇빛 속에 그들의 날개가 반짝이길 소망한다.

직선으로 내리꽂히는 한여름 햇살 아래 송충이, 아니 황충이들은 연신 꿈틀대며 경계석을 나무 밑동 삼아 기어오르고 있다.

(2007. 7)

낙화의 의미

 별모양의 꽃받침이 실오라기 같은 꽃대 끝에 달려 있다. 잠시 후 어떤 일이 벌어질지 경험으로 알고 있다. 가슴이 두근거리고 눈을 뗄 수가 없다. 꽃잎을 떠받들던 연초록 꽃받침이 활딱 뒤집어지면 순식간에 붉은 낙화가 진행된다. 서산 너머로 뚝 떨어지던 저녁 해처럼 꽃잎은 분분히 흩어져 버린다.
 들녘의 푸른 바람과 햇살을 받으며 자라야 할 야생초들이 화원 마당을 채우고 있다. 플라스틱 화분에 담긴 키 작은 야생초들이 양팔 벌리며 잡아 달라 떼쓰는 아기처럼 색색의 꽃으로 행인을 유혹한다. 지난해 야생화를 들였다가 실패를 거듭한 후 인연이 아니다 싶었는데, 잡아끄는 눈길을 피할 도리가 없다. 여린 줄기 위로 앙증맞은 꽃 한 송이를 올린 풍로초 분 하나를 사 들고 왔다.

　쥐손이풀이란 이름보다 '풍로초'가 익숙하다. 작지만 강렬한 붉은 꽃을 피우는 식물이다. 포트에 담겨있던 것을 옹기 분으로 옮겨주었다. 꽤 여러 날 누렇게 떡잎을 만들더니 겨우 한 송이 올렸던 꽃송이조차 붙들지 못하고 몸살 중이다. 그늘로 자리를 옮겨 준 후 기다려 보기로 했다. 비록 화훼 농장에서 태어났으나 유전자 속에 야생의 흔적이 고스란히 담겨 있으려니, 무탈하게 견뎌내고 회생할 거라는 믿음이 있었다.

　보름쯤 지나자 시들거리던 줄기에 생기가 돌더니 보송보송한 솜털이 이파리 위에 자욱하게 깔렸다. 그로부터 일주일 후 이파리 사이에서 꽃대가 올라오며 끝자락이 부풀어 올랐다. 꽃대 끝이 막 풍선을 불어 재끼기 전 아이 볼처럼 되더니 붉은 꽃잎이 세상 밖으로 고개를 내밀었다.

　꽃들은 벌이나 나비가 꽃가루를 옮기기 쉽게 꽃잎의 숫자를 조정한다는 글을 읽은 적 있다. 유독 다섯 장의 꽃잎 지닌 꽃들이 많은 것은 벌이나 나비의 활동이 방해받지 않도록 가장 편안한 자세를 만들어낼 수 있는 형태이기 때문일 것이다. 풍로초 꽃잎도 다섯 장인데 오묘한 것은 색깔이다. 선홍색 꽃잎 가득 실핏줄 같은 선들이 나 있다.

풍로초의 절정은 그리 길지 않다. 꽃잎을 지탱해 주던 꽃받침이 뒤로 젖혀지면 꽃잎은 스르륵 흩어져 내리고 만다.

장미를 꽃의 여왕이라 하지만 동의할 수 없다. 한껏 치장한 게 아깝다는 듯 꽃잎이 이울고 물색 빠질 때까지 끈덕지게 매달려 있는 모습을 보면 고개를 돌리게 된다. 꽃대에 붙은 채 쇠락해 가는 모습을 고스란히 드러내 화려했던 영화를 무색하게 만든다. 피어나는 모습 못지않게 지는 모습도 아름다우면 좋을 텐데.

꽃비처럼 흩어지는 봄날의 벚꽃과 달리 개화의 정점에서 다섯 장의 꽃잎을 미련 없이 버리는 풍로초는 낙화가 아름다운 꽃이다. 꽃에 있어 낙화는 열매를 맺기 위해 거쳐야 하는 또 다른 시작이다. 버려야 얻을 수 있음을 자연은 버티지 않고 받아들인다.

유종의 미는 시작할 때의 마음가짐만큼 마무리 또한 중요하다는 말이다. 아무리 작은 일이라도 처음엔 누구든 알뜰하게 계획하기 마련이다. 하지만 시작처럼 마음에 쏙 드는 끝맺음을 하기란 결코 녹록한 일이 아니기에 용두사미란 말이 생겨났을 것이다.

해마다 야무진 다짐으로 한 해를 열지만, 여름이 정점을 향할 즈음이면 계획은 잊히고 시간에 발목 잡힌 것처럼 하루를 여닫는다. 세월은 가속이 붙은 것처럼 빠르게만 흐르고 세상에 뒤질까 마음만 심란하다. 처음 먹은 마음처럼 온전하게 만족할 끝맺음이란 애당초 그림 속 떡처럼 손에 쥘 수 없는 걸까. 지나치게 목표가 높았던 것은 아닐까 의심한다. 보이지 않는 경쟁에 내몰려 다람쥐 쳇바퀴 돌듯 계속하자니 벅차고 그만두자니 지금껏 열심인 것이 아깝기도 하다. 다섯 장 꽃잎이 화라락 흩어지며 집착의 부질없음을 보여주는데 여전히 붉은 꽃잎을 놓지 못하는 나의 착시 현상이라니.

 또 한 송이 풍로초 꽃잎이 흩어지고 있다. 실핏줄 가득한 꽃잎은 낙화하는 순간에도 이지러진 구석 없이 온전하다. 스러져 가는 꽃잎 속에서 아름답게 떠나는 것의 의미를 본다.

(2008. 10)

을왕리

후두둑….

이파리에 알알이 맺혔던 빗방울이 무게를 이기지 못하고 떨어진다. 휘청거리는 나뭇가지마다 붉게 익어가는 자두가 야무지게 매달려 있다. 하늘에 구멍이라도 난 듯 기세등등하던 장마가 등을 보이며 멀어져 간다. 곧 본격적인 무더위가 이어질 것임을 예고라도 하는 걸까. 지이지이… 아침부터 울어대는 매미 소리에 잔뜩 힘이 들어가 있다. 알싸한 찬바람 한 자락이 그립다.

지난겨울 해넘이를 위해 찾았던 을왕리, 황량한 바람뿐이던 겨울 해변을 떠올린다. 한 해의 마지막 날 그곳을 향해 아침부터 서둘렀다. 영종도에 인천국제공항이 들어선 후 예전보다 가는 길이 편해졌지만 차진 펄은 한결같다. 한 해를 보내며 감회가 남다른 사람들이 사연 깊은 얼굴을 하고 모여들었다. 바다는 언제나 넉넉한 품을 내어 사람들을 반겨준다. 살 발라낸 생선가시 같은 휑뎅그렁한 모습뿐일지라도 찾아오는 발길이 서운치 않도록 넘실대는 파도를 보내 마중하였다.

동해에서 맞는 일출이 맑고 화려하다면 서해의 일몰은 파스텔화처럼 몽환적이다. 두터운 오리털 파카를 입었지만 싸늘한 바람은 옷깃을 후비고 들어온다. 숨 가쁘게 한 해를 갈무리한 태양이 바다를 향해 서서히 가라앉는 사이, 파도는 연신 쿨렁대며 해변에 선 사람들 발길을 끌어당겼다.

해넘이를 위해 찾은 을왕리는 이십대 청춘의 한 자락이 깔린 곳이다. 요즘에 비하면 초라하기만 했던 80년대 대학생들은 인천 월미도에서 배를 타고 쉽게 닿을 수 있는 어촌 을왕리를 찾았다. 납작한 집들과 작은 어선이 오밀조밀 모여 한 편의 풍경화를 만들고, 착한 사람들이 어깨를 맞대고 소박하게 살아가는 섬마을. 카바이드 불빛이 하나 둘 켜지는 포구의 저녁은 순수와 낭만에 대하여 끝도 없는 대화를 싫증 내지 않고 받아주었다.

조금씩 바다를 향하는 태양 주변에 핏빛 노을이 퍼져 나간다. 하지만 짙어지는 구름 때문에 수면까지 색을 퍼트리지 못하고 막혀 버렸다. 먼 수평선까지 눈길을 주던 남편 얼굴에 잔잔한 미소가 퍼진다. 아마도 추억 속의 시간을 더듬으며 서 있으리라. 모처럼 찾아온 사람들 때문에 신명이 난 듯 파도는 기운차게 해변을 훑고 지나간다. 지치지 않고 사람들의 장난을 받아준다. 한 해를 보내는 동안 켜켜로 쌓였던 후회와 반성 그리고 새로운 다짐을 파도에 실어 보낸다. 비어낸 자리마다 희망만이 가득하길 소망하며 해넘이를 마쳤다.

　여름 한낮의 더위가 절정을 이룰 때마다 문득문득 떠올려보는 겨울날의 잔상들. 추억 속에 갇혀 있었음에도 방금 물에서 건져 올려 파닥거리는 생선처럼, 기억은 조금도 흐트러질 줄 모르고 생생하게 재생된다. 더위에 지쳐 그때 품었던 희망이 녹아내린 건 아닐까, 몸을 이루는 세포란 세포는 죄다 오그라들 정도로 아릿한 바람이 그립다.

　바다는 생명의 근원이다. 바닷가에서 태어나지는 않았지만 마주하면 늘 고향에 돌아온 듯한 안정을 찾는다. 머릿속을 헤집는 고민이 있거나 중대한 결정을 내릴 일이 생기면 바다부터 찾는 습성이 있다. 언제나 서해는 수다분한 촌부의 모습으로 맞아준다.

결혼 전까지 줄곧 인천에 살았어도 서해를 찾지 않았다. 휴가 때면 짐 꾸려 동해로 떠날 마음만 있었지 가까이 있는 잿빛 물에 발 담그고 싶은 마음은 없었다. 인천을 떠나고 나서야 서해가 사무치게 그리워졌다.

너른 펄 안에 담겨 생명이 살아 움직이는 소리, 완만하게 펼쳐져 있는 해안선, 고단하고 찝찔한 바닷냄새…. 지갑이 헐거웠던 이십 대엔 알지 못하던 서해의 맛이다. 말간 얼굴로 곧잘 앵돌아져 쌀쌀하게 맞을 것 같은 느낌이 동해라면, 서해는 끈끈하고 때로는 질펀하지만 어떤 허물이라도 감싸줄 것만 같은 넉넉함이 있다. 불투명한 잿빛 물에 발을 담그면 따뜻하게 감싸줄 것만 같은 위로가 있다. 알싸한 바람 가득하던 을왕리가 몹시 그리운 요즘이다.

폭염으로 잠 못 드는 밤이면 지난겨울 뺨을 후려치듯 싸하게 불어대던 바람을 불러들이고만 싶다.

(2007. 8)

터

　혜목산 기슭 고달사高達寺를 찾아 나선다. 원종 대사 혜진탑비를 보기 위해 겨울 끝자락을 부여잡고 차를 달린다. 들녘은 태풍 전야처럼 고요하기만 하다. 봄이 오면 양지바지 여기저기 얼굴 내밀 여린 싹들의 소란스러움이 분주할 텐데, 서슬 퍼런 동장군은 위풍당당하다. 왕복 2차선 도로를 달려 마을로 들어섰다. 구불거리는 좁다란 길은 텅 비어 있다. 건조한 바람만 떼로 몰려다니며 위세 떠는 중이다.

　마을 입구에서 8백 미터쯤 들어가자 주차 공간을 마련해 놓은 것이 절터뿐일망정 찾는 이들이 많은가 보다. 평화스러운 마을, 주름 가득한 모습의 노인 대신 5백 년은 됨직한 느티나무 한 그루가 정겹게 방문객을 맞아준다.

고달高達이란, 높은 경지에 이른다는 혹은 재주가 뛰어나 사리에 통달하다는 의미를 내포하고 있다. 신라 경덕왕 때 건립되었으니 천이백여 년의 세월이 흘렀다. 고려 초기에는 왕실의 비호를 받을 정도로 번창하던 절이 폐사되었다. 전국에 흥하던 절집 중 폐사된 곳이 고달사만은 아니다. 나라의 건국이념에 따라 유물도 유적도 명운이 갈린다.

석공 고달의 전설이 전해지는 고달사. 가족의 궁핍까지 몰라 하며 그가 이루고자 했던 높은 경지는 무엇이었을까. 절에 모실 석물을 완성한 후 출가했다는 그의 흔적은 풍문으로만 전해질 뿐 확인할 길은 없다.

원종 대사 혜진탑비를 통해 절의 규모를 그려 본다. 지금은 낮은 구릉지대에 원종 대사 혜진탑비의 귀부와 이수 부분 그리고 부도, 석불좌만이 빈터를 지키고 있다. 비碑는 중앙박물관으로 옮겨져 귀부와 이수만 남은 탑비 앞에 선다. 용의 다부진 얼굴에 몸은 거북이다. 천상과 지상을 넘나드는 영물이라 생각한 거북이와 용은 비신을 받치고 있는 단골 동물이다.

석공의 불심으로 태어난 그때를 떠올린다. 그의 손끝에서 탄생한 석조물 앞에 중생들 바람과 진심 어린 반성들이 수없이 뿌려졌을 것이다. 찰나에 불과한 삶일망정 사는 것이 힘겨운 중생들의 한(恨) 섞인 기도를 그저 묵묵히 들어주는 것으로 위안을 주었을 것이다. 불완전한 모습으로 바람을 맞고 있는 비 앞에 가슴에만 담고 있던 응어리를 풀어놓는다.

　폐사된 절터에 서면 삶의 유한함과 무상함을 동시에 느끼곤 한다. 차가운 머리와 뜨거운 심장 지닌 이상적인 삶을 꿈꾸지만 녹신하지 않은 현실은 늘 감정에 휘둘리고 후회만 남발한다. 반듯한 정사각의 육중한 돌덩이들은 건물의 뼈대가 되기 위해 석공의 손길이 수없이 스쳤을 것이다. 천년만년 늠름하게 버티고 서 있을 초석으로 선택됐건만 지금은 그저 돌덩이일 뿐이다.

　건물을 이고 있었을 돌의 크기와 무게로 그려본 고달사의 규모는 웅장했을 것이다. 정자나무 구실을 하는 느티나무 서 있는 곳에 일주문이 있었을까. 여기저기 뒹구는 돌덩이들은 대웅전을 받들었거나 혹은 요사채 벽을 이루고 있었을지 모른다. 절이 폐사될 무렵까지 머물렀을 승려들은 모두 어디로 갔을까. 전국 각지의 사찰로 흩어졌을까. 수없이 많은 사람의 발자국이 찍혔을 과거의 땅 위에 현재의 내가 서서 상념에 젖는다.

　텅 빈 공간을 휘도는 바람에 몸을 맡기고 눈을 감는다. 뫼비우스의 띠처럼 처음도 끝도 없는 삶의 연속성. 어떤 인연 한

줄기가 이리로 발길을 이끌었을까. 순수하게 내 의지만으로 찾아오게 된 걸까. 오래전 누군가도 답답한 가슴을 부여잡고 내가 서 있는 자리에 서 있었을 테지. 귓가를 스치는 바람 소리가 마치 순간순간 끓어오르는 욕망과 화려할 것 없는 이력 모두 내려놓으라는 것 같다. 애면글면 살지 말고 참자유인의 길을 걸어보라고 채근하는 것 같다.

이제는 사라진 절터에서 나와 마주한다는 것이 낯설다. 수없는 모습으로 나투던 내가 온전한 하나의 모습으로 살 수 있기를 소망한다. 폐사(廢寺)된 절터는 사연만 품은 채 바람만 가득하다. 인간사 수많은 부침을 지켜봤을 느티나무는 앙상한 가지 사이로 바람만 가득 들이고 있다.

(2009. 3)

플라타너스

하늘 가까운 곳부터 축제는 시작됐다. 초록이 있던 자리마다 노랗고 붉은 등(燈)을 밝힌다.

치자 물이 든 것 같은 플라타너스 잎이 바람에 날린다. 담장이 되기도 하고 길가에 병정처럼 도열해 자동차가 뿜어대는 매연을 연신 정화해 주기도 하는, 어른 손바닥만큼 커다란 플라타너스 잎이 사락사락 떨어진다. 이파리 떨어지고 나자 가지 사이로 살뜰히 지어 놓은 까치집이 모습을 드러낸다.

당당하게 서 있지만, 자신을 내세우거나 생색내지 않는 플라타너스. 폭염에 지친 여름날, 그늘을 찾아 파고드는 사람들에게 시원하고 널따란 쉼터가 되는 것도 마다않는 나무다. 그는 플라타너스를 닮았다.

이십여 년 전 대학 입학식을 앞둔 겨울 끄트머리, 문학 동아리 활동을 하는 선배의 부름을 받고 간 찻집엔 이미 몇 명의 남녀학생이 앉아 있었다. 고등학생티를 벗고 막 대학생이 되려는 핼쑥한 얼굴들. 전생부터 이어졌을 짝이 그 자리에 있으리라 꿈에도 생각 못했다.

 동갑내기 남학생 중 우리 집과 가까운 곳에 사는 친구가 있었다. 길동무 삼아 스스럼없이 지냈다. 대학을 졸업하고 사회인이 돼서도 동성 친구만큼 만남이 편했다. 때때로 그의 아득한 눈길과 부딪힐 때면 머쓱해지긴 했지만, '친구'란 글자는 호두 마냥 튼실해 또 다른 생각은 들어올 수 없었다. 한동안 지속하는 그의 은유 섞인 고백이 나를 향한 것이란 걸 눈치채지 못했다.

 사랑은 젤리처럼 입안에서 노글노글 달게 녹다가 마지막 단물까지 삼켰을 때 아련한 뒷맛 같은 것이라 여겼다. 누군가 곁을 두려는 남자가 있으면 노글거림이 느껴지는지 촉각부터 곤두세웠다. 사춘기적 환상만 좇는 내게 그는 꿈꿀 수 없는 현실이다.

 날 바라보는 눈빛이 먹먹하던 그가 소식을 뚝 끊어버렸다. 아침저녁으로 들려주던 목소리가 사라졌다. 일주일이 되도록 연락이 없자 걱정도 아닌 뭔가 어색하고 불편한 마음이 격랑에 휩싸인 것처럼 흔들렸다. 그와 나 사이에 알게 모르게 쌓인 시간의 흔적들이 일제히 일어나 시위라도 하듯 마음을 종잡을 수 없었다.

공기를 의식하며 숨 쉬는 사람은 없을 것이다. 내 일부처럼 익숙해 새로울 것 없던 친구가 조금씩 그리움이란 이름으로 가슴 한켠에서 자라기 시작했다. 파도가 바위에 부딪치며 포말이 일듯, 암호 같은 감정들이 앞다투어 일어났다 사그라졌다. 그를 향한 감정이 그리운 것 같기도 하고 아닌 것 같기도 한 우울한 시간이 흘러갔다. 멍한 시선으로 있기 일쑤인 모습을 보다 못한 어머니, 남자가 생겼구나, 어디 얼굴 좀 보자 하신다. 유행가 가사마다 내 얘기 같으면 사랑하고 있다는 증거라나.

첫눈에 반하지도, 손끝이 스치며 찌르르 전기도 통하지 않았는데 사랑은 무슨…. 하지만 내 안에 작은 불씨 하나가 꺼지지 않고 조심스럽게 타오르는 것은 부정할 수 없었다. 7년이란 시간의 켯속마다 똬리 틀고 있는 추억이 꼬리를 물고 피어올랐다. 내 앞에 근사한 삶이 펼쳐져도 그가 없다는 생각을 하니 빛이 사라지는 것 같았다. 활화산 같은 사랑은 아니지만, 그는 내 마음 안에서 이미 뿌리를 내리고 있음을 깨달았다.

스물여섯 송이 붉은 장미에 실린 어설픈 청혼, 그리고 스무 번째 해가 바뀌는 것을 함께 지켜보았다. 나보다 더 나를 잘 아는 친구가 남편이라는 이름으로 곁에 있다. 생전 늙을 것 같지 않던 그 친구 귀밑머리가 희끗희끗해져 간다. 황홀하게 계절을 마무리하는 자연 앞에 맨몸으로 서 있는 플라타너스 몸통처럼 해쓱하다.

우뚝 선 채로 예쁠 것도 없는 꽃을 피우고 열매 맺는 플라타너스. 줄가리에 바람이 스치자 겨우 붙어있던 마른 잎 하나가 떨어진다. 바람 심하게 불던 날, 몸부림처럼 흔들리는 나뭇가지를 보고 있자니 일부러 이파리를 털어내는 건 아닐까 엉뚱한 생각이 든다. 물관과 체관을 타고 수액이 활발히 움직일 수 있도록 해주는 것은 뿌리의 힘이다. 여름 내내 먹여 살리느라 힘들었어, 이젠 좀 쉬게 해 줘 절규하는 것처럼 보인다. 남편을 비롯해 이 땅에 가장이란 이름으로 살아가는 사람들도 소리 없는 외침을 하고 있는 것은 아닐까.

전 국민을 불안으로 몰아넣었던 IMF 사태보다 더 혹독하다는 경기침체의 끝이 보이지 않는다. 세월이 흘러도 지문처럼 남아 사회 곳곳을 바꿔 놓은 IMF 때처럼 세상은 또다시 시험

대에 올랐다. 내달리고 있는 목적지가 어딘지 알 길이 없다.

　가장들 어깨를 짓누르는 삶의 무게는 가볍지도 않을뿐더러 안정적이지도 않다. 정리해고 소리가 분분할 때마다 새가슴일 수밖에 없는 그의 지친 어깨를 받쳐 줄 수 있을까. 남편에게 나는 마음 편한 쉼터 노릇을 해주고 있는지에 생각이 미치면 한없이 작아지기만 한다. 친구에서 삶의 여정을 함께 하는 동반자가 되기로 한 날의 맹세처럼 살고 있는가.

　가을이 깊어질수록 플라타너스 몸통은 허옇게 허물을 벗는다. 양버즘나무로 불리는 이유기도 하다. 까칠해진 남편 피부처럼 기름기 빠진 나무 여기저기 버짐이 핀다.

(2009. 11)

그곳에 가면

　이태 전부터 옹기와 토분들이 빚어내는 아름다움에 매료되었다. 비색을 간직한 청자도 아니고 결이 고아 함초롬히 예쁘장한 것도 아니다. 큼큼한 메주 매달린 시골 토방에나 어울릴 법한 소박한 모양새지만 백자만큼 정성 담아 빚었을 도공의 손길이 고스란히 담겨 있다. 화려함은 없어도 나름 편안한 기를 발산해 보고 있노라면 마음이 너그러워진다.
　특히 막사발 두 개를 포개 놓은 것 같은 모양새에 한 덩치 하는 달항아리는 곁에 벗을 둔 것처럼 푸근하다. 위아래를 분리해 만들어 붙여 자세히 보면 이음새가 드러난다. 사람 키를 훌쩍 넘는 항아리를 빚다가 무게를 감당 못해 뭉그러지는 것을 예방하기 위함이다. 손바닥으로 쓸다 보면 마음의 긴장이

맥없이 풀어진다.

새마을운동이 한창이던 시절 일 년 남짓한 시간 동안 마당 있는 집에 살았다. 아버지를 도와 살림과 사업을 겸하던 어머니의 동선을 고려해 줄곧 상가 이 층에 마련된 살림집에 살았으니 마당 품은 집에서 산 경험은 그때가 유일하다.

집 구조가 어땠는지 기억은 희미하지만, 부엌 앞뒤로 두 개의 문이 있었던 것은 또렷이 생각난다. 바깥으로 향한 문을 열면 밝은 햇살 속에 우뚝 솟은 장독대가 눈에 먼저 들어왔다. 주위엔 봉숭아꽃이 울타리 삼아 자라나고 있었다. 우리 사 남매의 환상적인 놀이터가 돼주던 장독대 맨 뒷줄에 내 키보다 크고 우람한 달항아리들이 나란히 서 있는 모습은 마치 전장에 나갈 태세를 갖춘 대장군처럼 위풍당당했다.

어머니는 항아리 속에 내용물이 없을 땐 늘 엎어놓았는데 고만고만한 개구쟁이들을 키우며 예기치 않은 불상사를 방지하려는 의도였을 것이다. 어른이 될 때까지 여러 번의 이사에도 떨려나지 않고 늘 한자리 차지하던 항아리들은 아파트로 주거가 바뀌며 몰락의 운명에 처했다.

우선 턱없이 줄어든 김장도 한몫했고 생활의 주도권이 어머니에게서 새언니로 바뀜에 따라 볼품없이 커다랗기만 한 항아리의 존재가 부담으로 작용했다. 결국, 어릴 적 술래잡기 놀이터와 오빠가 따온 딱지와 구슬 따위를 숨겨두는 공간이기도 했던 달항아리들은 하나둘씩 자취를 감췄다.

옹기 또는 독으로 불리는 항아리는 투박하지만, 안에 품은 것을 상하게 하지 않는다. 우리 것에 대한 막연한 천시는 항아리도 예외가 아니어서 플라스틱이나 스텐리스스틸에 밀려나게 되었다. 게다가 광명단 바른 중국산 독은 값이 싼데다 화려한 외양으로 순식간에 시장을 장악했다. 햇살 닿는 곳마다 분칠한 것 마냥 해사한 자태로 사람들 시선 끄는 데까지는 좋았다. 속살까지 아름다워 제 품에 든 것을 빛나게 했으면 좋으련만. 깜박 속은 사람들이 깨어나는 것은 순식간이었지만 그렇다고 빼앗긴 자리가 되돌아온 것은 아니다.

세월이 흘러 항아리의 비밀이 밝혀지며 무조건적인 천시에서야 벗어났지만, 옛날의 명성을 되찾지는 못했다. 옹기 표면에 무공해 잿물을 입힌 후 천도가 넘는 고열 속에서 태어난 항아리는 바깥 공기와 소통하며 안에 담긴 음식이 상하지 않게 숨을 쉰다. 요즘 우리가 매몰차게 내쳤던 것들이 외레 밖에 나가 대접받는 현실은 씁쓸하다. 손에 보석을 쥐고도 가치를 몰라 남의 것을 흘끔거리는 어리석음은 깊은 열등감에서 비롯

된 것이리라.

　세상은 점점 화려하고 자극적인 것에 주인 자리를 내주지만 자신의 색깔을 올곧게 지키며 사는 일은 가볍지 않다. 밍밍한 일상일지라도 작은 의미를 부여하며 품 넓게 사는 사람을 보면 달항아리가 생각난다. 엽렵하지 않은 다소 무딘 것 같지만, 상대의 상처까지 보듬을 줄 아는 넉넉함을 지니고 있을 것만 같다. 인테리어를 목적으로 한 것이라도 식당 마당 한켠에 즐비한 항아리를 보면 마음이 푸근해진다. 비록 속은 비어있겠지만, 일면식 없는 주인의 마음 씀씀이가 읽힌다.

　햇살 좋은 주말이면 가까운 백운호수를 찾는다. 카페촌으로 들어가는 초입에 온몸으로 해바라기 하는 옹기 파는 가게가 있다. 얼기설기 엮어놓은 울타리와 순한 개가 문지기 노릇 하는 모습이 정겹다. 딱히 살 게 없어도 마당에 서서 항아리들의 속삭임을 듣는다. 가만히 서 있으면 동생과 항아리 사이를 돌아다니며 술래잡기하던 어린 날의 풍경이 살아나기 때문이다.

(2009. 10)

# 4.
세상 속으로

장미 문신
조기 유감
굽은 등
내 귀가 소리를 거부한다면
세상 속으로
봄날은 간다
모자는 알고 있다
고구마
마지막의 무게
쇼콜라티에
찬 바람이 불면

장미 문신

그의 팔뚝에는 검은 장미가 산다. 삼두박근이 불뚝 댈 때마다 가시를 세우고 꽃잎을 팔랑이며 요염하게 피어난다. 하지만 향기는 없다.

가까이 사는 지인이 아르바이트한다며 두문불출하더니 만나자고 연락이 왔다. 웬 아르바이트일까 궁금했다. 그녀와 가깝게 지내는 이웃의 일인데 사정이 생겨 대신 도와준 것이란다. 정해진 날짜를 맞추느라 힘겨웠다는 그녀는 다이어트라도 한 것 같이 뺨이 홀쭉하니 까칠해졌다. 가방을 주섬주섬 뒤지던 그녀가 한 묶음의 꽃 그림을 내놓았다.

요즘 아이들에게 인기 있는 패션 문신용 스티커를 다섯 개씩 묶어 포장하는 것이 그녀의 아르바이트였다. 전리품이라며 내놓은 스티커에는 온갖 장미 그림이 가득하다. 붉은색 일색인 장미 중에 뾰족한 가시가 도드라진 검은 장미를 보자 그의 삼두박근에서 춤추던 장미가 떠오르는 것이다.

독서 수업을 받겠다고 덩치 큰 그가 창가에 자리 잡고 앉았을 때 소매 밑으로 검은 형체가 눈에 띄었다. 돌아가며 책 읽기를 시키고 슬슬 곁으로 다가갔다. 반소매로 채 감춰지지 않은 그것은 가시까지 새겨진 검은 장미 문신이었다. 꽃잎 하나하나 선이 섬세하다. 분명 하트를 관통한 화살까지 있겠지, 슬쩍 훑은 그의 팔에 하트나 화살 그림은 없었다. 다만 검은 장미 꽃잎 하나가 막 낙하 중이다. 내 눈길이 느껴졌는지 그는 문신이 있는 쪽 팔 방향을 슬그머니 틀어 어색한 자세로 책을 읽어내려 갔다.

소년원에서 팔이나 종아리 심지어 손등까지 한 자리씩 차지한 문신을 보는 것은 흔한 일이다. 저들끼리 소통을 위한 표식인지 한 무리 속에 끼워준다는 의식인지 물으면 웃음으로 대신한다. 가끔 '참을 인忍'자나 '그날까지'라는 의미를 담은 일본어를 새긴 예도 있다. 젊은 날 방황의 흔적쯤으로 남기기에는 모양도 흉하고 타인의 눈길도 부담스러울 것이다. 간혹 지우길 원하면 소년원 측에서 레이저 시술을 해 준다.

궁금증이 도져 장미 파였니, 작은 소리로 물었다. 예상 못한 물음에 어리둥절하더니 여자 친구를 위한 문신이라며 고개를 숙였다. 순정파라고 추어주자 귓불까지 붉히며 수줍게 웃는다. 살아가며 사연 없는 사람이 몇이나 될까, 문신 새길 때만 해도 여자 친구와의 사랑만이 전부였을 텐데. 현실은 전혀 다른 방향으로 어린 연인들을 떼어 놓았다.

패션 아이콘으로 등장한 문신에 대한 거부감은 예전보다 덜하다. 개성을 드러내는 수단으로 이용하기도 하는데 미국의 유명 여배우는 자신의 몸 여러 부위에 문신을 새겼다. 팔뚝과 허리를 비롯해 야릇한 느낌이 도는 곳까지. 특히 그녀가 문신 한 장소라 해서 유명세를 치르는 태국은 아예 관광 상품화해 손님을 끌고 있다. 오래전 태국의 황금 시절이던 아유타야 왕국에선 전쟁에 나서는 무사武士의 무사안일을 기원하는 부적의 의미로 문신을 새겼다.

하지만 조직폭력배 몸을 점령한 문신은 혐오스럽다. 포효하는 호랑이나 비상하는 용 문신을 등판에 시커멓게 새긴 그들이 카메라를 향해 일렬로 서 있으면 소름부터 돋는다. 공포감을 조성하는 게 목적이었다면 성공이다. 문신도 누가 했는가에 따라 대접이 다르다.

그녀에게 얻은 장미 스티커 하나를 꺼내 왼쪽 팔뚝에 방향을 잡았다. 물을 솔솔 뿌려가며 문지르자 스티커에 있던 색감이 온전하게 팔뚝으로 옮겨졌다. 거울에 팔뚝을 비추며 이리저리 움직이자 기분이 묘해진다. 갑자기 내 팔뚝에서 붉디붉은 장미가 피어난다. 피부에서 피어난 장미는 강렬한 기를 발산한다. 매양 같은 날들의 권태로움이 일순 날아간다.

단발머리 여고생 때 짝꿍은 학생주임 선생님께 야단맞는 단골이었다. 교복 치맛단을 줄이고 머리 모양도 별나게 하고 다녔다. 생리적으로 남과 같음을 싫어했던 짝꿍은 문제아로 찍혀도 별일 아니라는 듯 초연했고 그런 모습이 근사하게 보였다.

짝꿍은 다른 반 여학생들의 러브레터를 받기도 했는데 그 애의 길들여지지 않는 자유분방함이 부러워서였을 것이다. 예나 지금이나 남들 시선으로부터 자유롭지 못한 나는 기껏 스티커 문신 하나에도 가슴이 일렁인다. 시간이 지나면 지워질 장미 문신일망정 볼 때마다 입가에 미소가 만들어진다. 보는 이에게 불편함을 주는 게 아니라면 나만의 문신 하나 어떨까, 단조로운 삶의 해방구가 돼주진 않을까.

(2007. 4)

조기 유감

 조기 한 두름을 개수대에 밀어 넣는다. 먹기 편하게 손질해 한 끼 분량씩 나눌 셈이다. 얼음덩어리처럼 단단하던 생선살이 꾸덕꾸덕 해진다. 지푸라기와 비닐 끈으로 엮인 매듭을 풀어 조기들을 무장해제시킨다.
 꼬리지느러미와 등지느러미 가슴지느러미까지 자르고 비늘을 긁어낸다. 조기 몸에서 떨어져 나온 비늘들이 벽으로 수도 꼭지 위로 튕겨 붙는다. 생선을 다듬기 위해 끼었던 고무장갑에서 손을 빼내 비늘조각을 만져본다. 투명한 것이 아이들이 갖고 노는 조형물 조각처럼 빳빳하다.
 몸뚱이에 칼날이 스칠 때 튕겨 나온 비늘들, 조기한테는 없어선 안 될 날개옷이다. 자유롭게 유영했을 바다, 물속까지 파고든 햇살을 받으며 물살을 갈랐을 것이다. 동그란 눈을 되록되록 굴리며 입속에 나 있는 날카로운 이빨로 작은 물고기를 사냥하는 순간 마음껏 방향을 틀고 살을 보호했을 것이다.

물기 마른 비늘조각에 햇살이 닿자 은빛으로 잠깐 반짝인다. 조기 몸을 갑옷처럼 보호했을 비늘들이 개수대 안에 수북하게 쌓였다. 비늘이 제거돼 한결 가뿐해진 조기는 일회용 비닐봉지에 두 마리씩 담겨 냉동실 서랍으로 들어갈 것이다. 그리고 식구에게 보시할 날만이 남겨질 것이다.

누워있는 조기들 모습이 제각각이다. 다소곳이 입 다문 놈부터 반쯤 벌린 입가에 바늘 끝 같은 이빨을 그대로 드러낸 놈, 위험을 알리려 고군분투했을 것처럼 쩍하고 입 벌린 놈까지, 긴박했을 당시를 그대로 재현하고 있는 듯하다.

큰아이가 아토피피부염 치료를 위해 올봄부터 한약을 복용하고 있다. 원인 모를 피부병을 지병처럼 달고 살다 보니 아이의 성격뿐 아니라 우리 집 식생활도 변했다. 그동안 아이가 원하는 음식을 요리법만 달리해서 먹여왔는데, 한약을 복용하다 보니 제외할 것이 한둘이 아니다. 삼겹살을 무척이나 좋아하는데, 아토피와 상극이라니 처방받은 날로 금기 음식이 돼버렸다. 대신 흰 살 생선은 좋다고 해서 그날로 우리 집 냉동실 한 칸은 손질한 조기차지가 되었다.

　아이는 노릇노릇 구운 조기를 좋아한다. 익숙하게 살을 발라 먹고 난 접시 위에 조기대가리와 뼈대 그리고 내장만이 남는다.

　친정어머니 생각이 난다. 친정어머니는 조기뿐 아니라 생선을 참 알뜰히 드셨다. 살을 발라 우리에게 골고루 나눠 주곤 언제나 남은 부스러기를 드셨다. 조기든 고등어든 말라비틀어진 북어 대가리든 쓰레기통에 담기는 법이 없었다. 식구들이 맛있게 먹고 난 자리를 정리하며 떨어진 밥알 하나, 냄비 바닥에 남은 찌개국물조차 버리지 못하는 것을 알뜰함 대신 구질구질함으로 여겼다.

　어머니란 자리는 늘 군내 나는 묵은 김치나 장아찌처럼 맵짜고 찌들어 보였다. 자신의 온몸을 젓갈처럼 삭혀 가족들 삶에 자양분이 되는 길이 당신의 것인 양 여길 뿐이었다. 여자란 이름보다 오로지 아내와 어머니일 수밖에 없었던 삶을 당연하다 여겼던 적도 많다. 어머니라고 처음부터 그런 삶이 좋기만 했을까.

　내리사랑은 있어도 치사랑은 없다더니, 지금껏 저지른 모든 불효의 완결판처럼 서러움이 몰려온다. 생선뿐 아니라 먹을거리가 흔해 아껴 먹는 것이 무색한 요즘이다. 없어서가 아니라 건강을 위해 먹는 것을 줄이는 세상이라고 스스로 다독여 본다. 그러나 어머니를 위해 조기 한 두름 산 적 없음에 생각이 미치자 어이없게도 헛웃음이 난다. 값이 비싼 것도 아닌데 어쩜, 내 자식 건강만 염려할 뿐인 이기적인 딸이다.

세상에 나 같은 딸이 또 있을까, 눈물이 툭 하고 손등 위로 떨어졌다.

조기를 손질할 때마다 게으르고 이기적인 내 근본을 확인하는 것 같아 마음 한켠이 아리다. 조기의 한 점 살은 아이 건강을 지켜줄 것이다. 그리고 앙상하게 드러난 뼈대는 나를 각성시켜 줄 것이다. 조기를 볼 때마다 다하지 못한 불효 때문에 난 또 부끄러울 것이다.

(2007. 5)

굽은 등

 말라버릴 대로 마른 몸통에 물줄기가 닿자 폭죽 터지는 소리가 난다. 끓는 기름에 물이 튄 것처럼 타닥타닥 요란하다. 무생물인 숯이 살아있는 것 같은 착각에 빠지는 순간이다. 겨우내 가습기 대용으로 사용한 숯을 아이 목욕시키듯 욕조에 넣고 씻는다. 물에 잠겼던 곳마다 경계처럼 허옇게 선이 그어져 있다. 갈라진 틈으로 물이 충분히 스며들자 소리는 잦아지고 켜켜로 쌓였던 먼지도 속속 빠져나온다.
 한때는 울울창창한 굴참나무거나 떡갈나무였을 텐데 땅속에 단단히 뿌리내린 삶을 송두리째 빼앗기고 숯으로 변신한 몸은 누구를 위한 환골탈태일까. 불길 속에서 새롭게 태어난 몸은 다시는 예전으로 돌아갈 수 없으리라. 영혼이 빠져나간 나무의 가벼운 몸, 숯에 샤워기를 바싹대고 정성껏 씻어준다.

말끔해진 숯을 바구니에 담아 바람 통하는 그늘에서 말리면 다시 사용할 수 있다. 호리호리한 몸통이 불안하던 숯 하나가 쩍하고 갈라졌다. 아이들 장난감 칼처럼 길게 갈라진 숯은 수명을 다한 모양이다. 온몸의 진액이 빠져나간 미라처럼 메말라 있다.

마른 숯의 몸통처럼 금방이라도 부서질 듯 위태롭던 할머니. 천식환자처럼 쌕쌕 소리가 나던 할머니 숨소리가 환청처럼 들린다. 한여름에도 긴소매 옷을 입던 주름 가득한 얼굴 그리고 굽은 등, 수분이 몽땅 빠져나간 것 같은 뒷모습이 자꾸 눈에 밟힌다.

우리가 이사 왔을 때만 해도 할머니는 아들 내외와 손자 손녀까지 두고 남부럽지 않게 살았다. 그러나 아들내외의 불화와 집을 나가버린 며느리. 게다가 할머니 아들마저 사업을 핑계로 중국으로 떠나자 어린 손자와 남겨졌다. 홀쭉한 할머니 얼굴에서 웃음이 사라졌다.

어릴 적 부모 몰래 아궁이 속 검댕을 나무 끝에 묻혀 부엌 바닥을 종이 삼아 혼자 언문을 뗐다는 할머니. 자음과 모음을 합쳐 글자가 하나씩 만들어질 때마다 마술을 보는 것처럼 신기하다고 했다. 까막눈 신세는 싫었다는 대목에서 숨을 몰아쉬었다. 차라리 화로에 담겨 고기나 익히는 검탄처럼 세상 물정 모르는 무지렁이였다면 아들이 손자를 떠안기고 갈 수 있었을까. 부모와 생이별한 손자가 측은해 말끝마다 울음을 삼키던 할머니는 동네 애들을 볼 때마다 눈물을 찍어냈다.

중학생이 된 손자는 하루가 멀다고 문제를 일으켜 사람들 입에 오르내렸다. 사춘기의 격랑을 온몸으로 쏟아내는 손자로 인해 할머니 눈가는 늘 짓물러 있었다. 어느 날 손자는 아버지를 찾아 중국으로 떠났고 할머니는 혼자가 되었다. 눈에서 멀어지면 마음도 그리된다더니 손자는 무소식으로 일관했고 소식 없음이 잘 있다는 의미라면서도 우편함을 더듬는 할머니 손은 떨렸다.

할머니 손자가 떠나자 동네를 서성이던 불량한 녀석들 모습도 사라졌다. 안심하고 아이들을 바깥에 내놓을 수 있게 된 이웃들의 표정은 밝았고 나도 그랬다. 타인의 불행을 빌미로 내 행복의 울타리를 점검하는 동안 할머니 모습이 사라졌다. 딸네 집에 가셨나 했다. 틈이 보이지 않을 만큼 우편물로 가득 찬 할머니네 우편함을 수시로 보면서 은근히 걱정되었다. 조등弔燈은 걸리지 않았다.

아토피피부염에 시달리는 큰애 피부는 조금만 건조해져도 금세 사막화가 진행되는 메마른 땅처럼 갈라지고 허물을 벗는다. 소매 밖으로 진물이 흐르는 아이 피부를 본 할머니는 숯을 사다 가습기처럼 만들어주라 하였다. 예전에는 배탈이 날 때도 가루로 만든 참숯 한 숟갈씩 먹였어, 숯의 효용가치보다 할머니의 깊은 주름에 신뢰가 갔다.

순한 삶을 살지 못하는 자식 때문에 숯보다 더 까매졌을 거라는 할머니 속은 맑은 공기조차 받아들이지 못했나 보다. 시시포스처럼 힘겹기만 했을 할머니 굽은 등은 삶의 무게를 감내하기엔 금방이라도 부서질 듯 위태로웠다. 쇠스랑 같은 손을 잡아 줄 자식도 손자도 없이 보낸 일 년이란 시간 동안 할머니의 삶은 안식을 얻었을까. 턱까지 차오르는 숨을 고르며 원망보다 할 일을 묵묵히 해내던 할머니 등은 꼿꼿하게 펴졌을까.

한 사람의 생애가 핏빛 노을 속으로 사라지는 모습을 지켜보는 내내 연민으로 깊은 한숨을 삼켰다. 할머니 손길이 닿았던 계단의 난간, 엘리베이터 버튼은 변함이 없다. 같은 공간을 나눠 쓰던 이웃이면서 따뜻한 말 한마디 건네지 못했다는 생각에 한동안 먹장구름 잔뜩 낀 하늘처럼 답답할 것이다.

바구니에 담긴 숯은 바람이 스치자 다시 딱딱따따 소리를 지른다. 감로수에 취한 듯 잠잠하더니 깨어나는 모양이다. 떨어져 나온 조각들을 모아 신발장 안 구석에 자리 잡아 주었다. 숯은 보이지 않는 구멍 가득 퀴퀴한 냄새를 품으며 주어진 역할을 다할 것이다. 숯 손질할 때마다 환영처럼 나타나는 할머니 굽은 등, 이젠 하회탈 같은 함박웃음 지은 모습만 기억하고 싶다.

(2011. 11)

내 귀가 소리를 거부한다면

폭염 끝에 죽죽 긋는 소나기 소리, 돌 틈을 휘돌며 흐르는 물소리, 창공을 나는 작은 새의 날갯짓 소리. 만약 이 모든 소리가 사라진다면, 갑자기 찾아든 정적이 평온함을 가져다줄까.

반대로 잃었던 기능이 갑자기 되살아나 세상 모든 소리가 들린다면, 상상에 그치기만 했던 소리를 듣게 된 것이 행복할까. 그래서 새로 얻게 된 기능에 적응하느라 하루하루가 신명 날까.

아마도 오랫동안 닫혀 있던 청각기능이 살아났을 때 비장애인은 상상할 수 없는 혼란이 밀려올 것 같다. 경험한 적 없는 소리가 좋은지 단박에 알지도 못할 뿐 아니라 갑자기 귓속을 파고드는 소음이 견딜 수 없을지도 모른다.

아이린 테일러 브로드스키 감독의 부모님은 청각장애인이다. 그녀는 부모가 소리를 찾아가는 과정을 다큐멘터리로 담아냈다. 예순이 넘은 나이에 내이 수술을 받은 노부부는 달콤한 행복을 꿈꿨다. 잃었던 소리를 되찾는다면 예전보다 더 행복할 거라 생각했다.

뺨을 스치는 바람 소리, 지붕에 떨어지는 빗소리가 어떻게 다가올까. 사랑하는 딸이 엄마, 아빠하고 부르는 소리는 어떨까. 귀가 제 기능을 찾는다면 지금껏 살아온 삶보다 더욱 풍요롭고 아름다우리라. 심 봉사가 개안했을 때처럼 해피엔딩을 고대했다.

하지만 소리를 접한 그들 반응은 예상을 뒤엎었다. 평생을 고요 속에서 생활하다 소리에 노출됐을 때 그들은 놀라고 당황했고 고통스러워했다. 특히 감독의 어머니는 아예 보청기를 빼버렸다. 경험한 적 없는 두통으로 인한 고통을 견딜 수 없었기 때문이다.

나무토막이 부러지는 소리, 파도가 찰랑대며 부딪치는 소리, 자동차의 경적 소리 모두가 예상했던 것과 달랐던 걸까. 당연하게 여겼던 것들을 힘들어하는 노부부를 보면서 잃었던 감각을 되찾는 것이 고통일 수도 있겠다는 생각이 들었다. 소리는 그들 부부에게 꿈으로 남아 있던 판도라의 상자 역할을 했던 모양이다.

타인의 입장을 이해한다는 것은 쉬운 일이 아니다. 그들이 듣는 소리와 내가 듣는 소리가 다를 수 있음을 짐작이나 했을까. 보청기를 통해 소리를 들어본 적 없으니 그것이 어떤 느낌인지 알 수 없다. 잡음 없는 세상 속에서 천천히 서로 느끼고 사랑하며 신뢰를 쌓은 노년의 부부에게 소리는 평화를 깨뜨리는 훼방꾼이었을지도 모른다. 청각기능을 상실한 채 평생을 살며 소리를 상상하고 꿈꿨을 노부부는 예전으로 돌아갈 수 없으리라.

사람의 오감 중 어느 한 곳이 마비되면 다른 기능이 향상된다고 한다. 시각 장애인은 손끝으로 점자 책을 읽어내는 능력이 비장애인보다 탁월하다. 볼 수 있는 기능이 사라진 대신 온 신경이 손끝으로 집중되니 가능한 일이다. 또한, 청력도 예민해져 정상적인 기능을 가진 사람보다 소리를 구분하는 일이 뛰어나다.

비록 귀로는 듣지 못할지라도 상대 입술 모양을 읽는 구화를 배워 말을 하는 청각장애인도 있다. 능숙하게 수화를 주고받으며 의사표현 하는 모습을 보면 아름답다는 생각을 한다.

귀가 아닌 눈으로 보는 소리 같아서 실례를 무릅쓰고 빤히 쳐다보기도 한다.

어느 날 내 귀가 소리 듣길 거부한다면 어떤 기분이 들까. 좋아하는 음악을 들을 수 없다는 것과 아이의 푸념을 들어줄 수 없다는 사실을 제외한다면 그다지 아쉬울 게 없다는 생각이다.

청력을 잃고도 교향곡을 작곡한 베토벤처럼 차분히 내 안의 소리에 귀 기울이면 진정한 나 자신을 찾을 수 있지 않을까. 교만한 생각임을 안다. 하지만 요즘은 귀를 닫아걸고 싶다. 지켜지지 않는 정치인들의 약속, 욕설과 비방, 온갖 기계음에 이미 지쳐있는 내 귀는 오히려 환영할 지도 모른다.

(2008. 11)

세상 속으로

　차 한 대가 시동을 걸고 있다. 부릉부릉 소리만 요란할 뿐 차는 제자리에서 털털대고 있다. 쌀쌀한 날씨 때문인지 차 꽁무니를 빠져나온 매연이 운무처럼 퍼졌다. 그때 등을 활처럼 구부린 고양이 한 마리가 차 밑에서 바쁜 걸음걸이로 나왔다. 바람을 피해 들어섰다가 시동 거는 소리에 놀란 모양이다. 화단 쪽으로 몸을 피한 채 주차장을 빠져나가는 차를 망연한 눈빛으로 바라보고 있다.

　아파트 상가로 장을 보러 갈 때면 꼭 한두 마리의 길고양이와 마주친다. 그런데 그새 새끼들이 독립했나. 달포 넘게 함께 다니던 작은 고양이 서너 마리가 안 보인다. 갈색과 검정 줄무늬가 기하학적인 그럴싸한 모습을 한 고양이는 아파트 주차장을 떠나지 않는다. 살뜰하게 보살피는 상가 사람들이 곁에 있어 그런 것인지 알 수는 없다.

반려동물이란 이름으로 호사를 누리는 개들이 많다. 한낮의 해가 기세를 꺾고 수리산 자락을 물들이는 시간이면 근처 공원은 운동하러 나온 사람들로 북적인다. 최근 개를 동반하고 산책하는 사람들 숫자가 부쩍 늘었다. 하나같이 사람처럼 옷을 입고 염색을 했거나 털을 밀어 민숭민숭한 몸집의 개를 보고 있노라면 주차장을 떠도는 고양이들의 표정 잃은 눈망울이 떠오른다.

개와 고양이만큼 사람과 오랜 관계를 맺으며 살아온 동물도 드물 것이다. 개가 든든한 울타리 노릇과 문지기 역할을 수행할 때 고양이는 살림 축내는 쥐를 잡아 주인의 환심을 샀다. 할 일이 있고 제 몫의 역할에 당당한 대접 받으며 살 수 있었던 시간은 이제 봄날 아지랑이처럼 사라졌다. 더구나 지구촌에 불어 닥친 경제 한파는 사람뿐 아니라 반려동물 세계에도 양극화 현상을 빚어냈다.

수십만 원의 몸값을 자랑하는 애완동물이 있는가 하면 병들고 학대받다 버려지는 동물도 부지기수다. 사람의 이기심이 만들어낸 씁쓸한 풍경이다. 길 위에서 삶을 접는 동물들 숫자가 해마다 늘어간다. 그 틈에 끼지도 못한 길고양이들 신세는 도통 나아질 기미가 안 보인다. 능력을 펼쳐볼 기회조차 얻지 못한 젊은이들의 우울한 어깨는 길고양이의 홀쭉한 배처럼 옹색하다.

기업의 두뇌 노릇을 해야 마땅한 젊은 인재들은 돈벌이를 위해 사교육 시장으로 모여들고 그들의 주머니를 채우기 위해 부모들은 허리가 휠 지경이다. 뫼비우스의 띠처럼 끊어버릴 수 없는 순환의 고리는 제 꼬리에 달린 방울을 잡기 위해 뱅뱅 도는 고양이 모습 같다.

불야성을 이루는 학원가의 등불은 꽃등이 아니다. 물욕과 생존의 기운을 내뿜으며 자정이 되어도 불야성을 이룬다. 그곳의 시계는 멈추는 법을 잊었다. 세상의 주도권을 쥐기 위해 너도나도 부나방이 되어 불빛을 향해 돌진하지만, 어느 곳이나 필요한 숫자의 한계는 있기 마련이다. 주류에서 밀려나지 않기 위해 고군분투하는 삶의 현장이다.

길고양이 삶은 자꾸 세상 밖으로 밀려난다. 생존을 위한 몸부림이 불러온 도둑고양이란 오명도 해명할 수 없다. 길들여지기를 거부한 길 위의 삶은 어느 것 하나 녹록하지 않다. 진화하는 도시에서 원시의 야성은 길을 잃었다. 광채가 나야할 눈빛은 깊이를 알 수 없는 두려움으로 바뀌었다.

주차장에서 살아가는 고양이들에게 긴장감이 돌 때가 있다. 주민 신고를 받고 관에서 포획하러 나올 때다. 그러나 그때뿐이다. 어떤 정보 계통이 작동하는지 일제히 모습을 감추고 감감하다. 그러다 어느 순간 여지없이 어슬렁거리며 늘 다니는 길목에 나타난다. 태어나면서 자리에 대한 각인도 이루어지는지 보호막 하나 없는 거리일망정 주어진 자유를 오롯이 지켜내고 싶은 것인지.

사람 손길을 허락하지 않고 자신이 정한 거리에서 바라보는 고양이의 눈길은 묘하면서도 섬뜩하다. 때로는 원망 같기도 하고 때로는 내 가슴 깊은 곳에 숨겨둔 비밀조차 보인다는 듯 강렬하다. 밤과 달리 낮에는 시력이 예민하지 못하다는 걸 알면서도 시선을 피하는 것은 늘 내 쪽인데 미안해지는 것은 무슨 조화 속일까. 지금껏 동물을 기른 적 없고 원한 적도 없는데 길고양이들과 눈이 마주치면 주눅이 든 아이처럼 서둘러 시선을 접는다.

나를 빤히 쳐다보던 고양이는 상가 일층 미용실 주인이 나오자 그쪽으로 발걸음을 옮긴다. 약속이나 한 듯 여기저기서 길고양이들이 몰려든다. 밥때를 잊지 않고 챙겨주는 모양인지 익숙한 몸짓이다. 일정한 거리에서 순례자처럼 조용히 차례를 기다린다. 먹잇감을 두고 한 치의 양보도 없을 줄 알았는데 동병상련은 동물들 사이에도 존재하는 모양이다. 고양이들이 먹이를 다 먹을 때까지 조용히 곁을 지키는 여자 얼굴에 미소가 퍼져 나간다.

비록 사람에게 외면당해 서러웠으나 사람으로 인해 잠시나마 평안을 얻는 길고양이한테서 세상의 주역으로 편입하지 못하는 수많은 젊은이를 본다.

(2010. 11)

봄날은 간다

도심 속에 노란색 길이 생겨나고 있다. 개나리가 일제히 꽃잎을 열자 곳곳에 경계가 생겼다. 두꺼운 겨울옷을 벗듯 우리 의식도 한 꺼풀씩 벗어보라며 경고장을 날리고 있는 것처럼. 계절이 달라졌음을 사람들 의식 속에 심어 놓기라도 하듯 샛노랗게 팔팔하다.

사열 받듯 나란히 서 있는 개나리 길을 걷다 보면 불쑥불쑥 꽃멀미가 난다. 어느새 노란 물결이 내 망막 속에 자리 잡더니 눈으로 보는 것마다 노란색을 팝콘처럼 팍팍 터트리고 있다. 걷어내고 싶지만 그럴 수 없다. 눈을 감아도 노란색이 보인다.

벚꽃이 환한 미소로 품을 내주는 꽃이라면 개나리는 호루라기를 든 교관처럼 팽팽한 긴장을 준다. 진달래의 분홍빛이 아련한 향수를 자극한다면 명자꽃 붉은 꽃잎은 유혹이랍시고 손 내미는 퇴기의 손짓처럼 미망에 젖게 한다.

푸릇푸릇 바닥에 납작하게 자리부터 잡고 올망졸망 꽃을 내는 꽃마리, 꽃다지, 봄맞이 그리고 민들레, 들꽃들도 그 곁에서 활기차게 한생을 연다.

소리 없이 치러지는 생존을 향한 치열함이 봄날 들판에서 이루어지고 있다. 세상이 어찌 돌아가건 주어진 삶의 주기를 채우려는 봄꽃들의 향연은 보는 이가 있든 없든 수도자의 기도처럼 경건하게 진행되고 있다.

손톱보다 작은 꽃송이들을 보려면 바닥에 바싹 얼굴을 대야 한다. 흙냄새가 코끝에 와 닿는다. 하루 이틀 길어야 열흘뿐인 화려함을 위해 겨우내 뿌리는 수맥을 찾아 먼 곳까지 뻗어 갔으리라.

사계절 중 봄은 물음표만 잔뜩 던져주고 재빨리 자리를 피하는 것 같다. 보물찾기처럼 어딘가 숨겨놓은 삶의 의미를 스스로 찾기 위해 냉큼 서둘러라 죽비 한 대 후려치고 다음 계절 속으로 숨어 버린다. 붙잡는다고 잡힐 것도 아니지만 그래서 아쉽고 꽃 진 자리마다 연초록 잎이 나는 것을 보면서도 눈은 여전히 노란 빨강 분홍의 꽃을 보고 있는지도 모른다.

어느 순간부터였을 것이다. 계절이 변하는 속도를 따라잡지 못하고 끌려간다는 기분에 사로잡혀 산다는 느낌. 보폭을 아무리 늘여도 따라잡지 못하는 속도에 지쳐 체념한 적은 얼마나 많은지. 나름의 속도 조절이 필요함을 모르고 세상을 좇다 보면 결국 무릎이 꺾이고 절망 속에 갇힌다는 것을 봄은 늘 말해 주는데 들을 수 없었다.

기다란 목을 지닌 기린은 먼 곳의 위험을 누구보다 빨리 알아채 대비할 수 있다. 그러나 바로 발밑에 도사린 천적의 눈길은 알아채지 못한다. 승승장구하는 남들의 영광은 현미경을 들이댄 것처럼 속속들이 보면서 내 안을 요동치는 소리는 전혀 듣지 못하는 어리석음은 나이를 먹는다고 좀체 나아지지 않았다. 옛 성현들의 가르침이 이론뿐 아니라 본인의 체험이 녹아 있음을 그 나이가 돼서야 깨닫는다. 좀 더 일찍 알아볼 수 있는 눈이 있고 들을 수 있는 귀가 있었더라면 좋았을 것을.

삶은 연습할 짬이 주지 않는 오늘의 연속이다. 봄은 그 이치를 깨달았으면 달릴 준비를 하라 또다시 채근한다. 봄이란 계절만 되면 몸살을 앓는다. 시도 때도 없이 불어대는 봄바람 탓은 아니다. 단조로웠던 세상에 색깔을 입히고 잠든 나무들을 깨워 새순을 내놓게 하는 봄이면 나도 뭔가 새로운 것을 내놔야 한다는 강박증에 사로잡힌다.

아기의 젖니를 닮은 연둣빛 새순 같은 손을 뻗어 여기저기 상처 입고 흉터가 남은 것을 만져주고 싶다는 욕망에 사로잡히는 계절이 봄이다. 십 년 넘게 인연을 맺고 있는 고봉(소년원) 아이들 까칠한 얼굴을 매만져 주고 싶은 계절. 보드라운 꽃잎처럼 여린 영혼들을 하나도 구해주지 못했다는 자책감에 젖게 한다.

개나리의 노란 경고장을 받는 봄, 지난겨울은 뼛속까지 추위가 스며들어 제대로 살지 못했다는 변명만 늘어놓는다. 긴 나태의 늪에서 빠져나와 신명 나게 살아야 하는데 몸은 여전히 이불 속의 안온함을 잊지 못해 자꾸 움츠러들려 한다.

칭찬해 주지 않는 선생님처럼 경고장만 날리는 봄이 오는 듯싶더니 벌써 갈 채비를 서두른다. 삶은 바람 잦아든 봄날의 햇살처럼 찰나에 불과해, 그러니 정신 똑바로 차리고 오늘을 살아. 바로 오늘은 너에게 온전히 주어진 최고의 날이야. 봄이 전하는 말, 제대로 해석한 걸까.

(2011. 4)

모자는 알고 있다

적당한 햇빛은 우울증 치료를 비롯해 항암작용도 한다지만 민낯으로 나서기가 불편한 계절이다. 며칠 민얼굴로 나다녔더니 땅따먹기라도 하듯 눈가 주변이 잡티로 칙칙하다. 봄볕에 그을리면 임도 몰라본다는데, 들일로 생계를 이어가는 사람처럼 피부가 거뭇거뭇해졌다. 거울 앞에 머무는 시간이 길어지자 무심한 남편 눈에도 예사롭지 않았나 보다.

며칠 후, 남편은 내 손을 잡고 서슴없이 의류와 신발 등을 파는 곳으로 가더니 마음에 드는 모자를 골라보라고 한다. 매대 위에 놓인 모자들은 기능에 따라 다양한 모양새를 뽐내고 있다. 등산용부터 맵시를 위해 온갖 치장을 한 것, 손뜨개로 짠 것, 얇은 플라스틱 챙만 덜렁하니 있는 것, 목에 걸 수 있게 줄이 달린 것, 밀짚모자, 베레모, 중절모자, 야구모자… .

모자는 내게 그림의 떡 같은 존재다. 커다란 얼굴 탓에 욕심 내서도 쳐다봐서도 안 되는 거로 생각했기에 좋아하는 스타일은커녕 안목조차 없다. 그런 나와 달리 세상 모든 모자가 어울릴 것만 같은 사람이 있다. 작고 갸름한 얼굴에 서글서글한 눈매, 오뚝한 콧날을 지닌 미인이다. 그네처럼 모자가 잘 어울리는 사람을 본 적 없다. 어떤 형태의 모자도 그녀 머리에 얹히면 몇 배로 가치가 돋보인다. 볼 때마다 부러울 뿐인데 어느 날인가 우연히 그녀의 비밀 아닌 비밀을 알게 되었다. 그녀가 모자를 즐겨 쓰는 이유란 것이 내 생각처럼 미를 돋보이기 위함보다 제때 못 감은 머리카락을 가리기 위함이란다. 그동안 부러운 시선으로 바라보는 내 앞에서 가려운 곳 긁지도 못하고 더워도 벗을 수 없는 애로가 있었다나.

최근 결혼을 앞둔 예비부부들은 너나없이 결혼 촬영을 한다. 순백의 드레스는 언제 보아도 눈부시지만, 나이 들수록 전통혼례복장에 눈길이 간다. 특히 한복차림 중 눈에 띄는 것이 신부의 머리를 장식하는 '아얌'이다. 아얌은 겨울이면 할머니나 여자아이들이 쓰던 남바위가 변형된 것이다. 정수리는 열려있고 귀와 이마 전체를 덮게 돼 있는 남바위와 달리 이마만 덮어

고운 털로 겉을 장식한다. 뒷부분에 길게 댕기를 드리워 우아함을 한껏 고조시키면 예비 신부의 단아한 자태를 뽐내는데 그만이다.

아얌처럼 되살아나는 전통을 보는 것은 즐거운 일이다. 우린 예로부터 신분과 장소에 따라 다양한 모자를 사용해 왔다. 임금의 권위를 실은 왕관부터 반상의 엄격함과 선비의 위엄을 보여주는 갓, 보부상의 머리를 떠나지 않던 패랭이, 그리고 자유분방한 사당패의 상모 등. 모자는 상대에게 말없이 자신의 신분과 지위를 드러낼 수 있는 수단으로 이용되었다. 군인이나 경찰처럼 한눈에 직업의 성격을 드러내는 역할을 하기도 한다.

남녀노소 불문하고 모자는 쓴 사람의 삶을 담고 있다. 요즘 공원 벤치마다 중절모 쓴 노인들을 자주 본다. 나무 그늘을 찾아 지팡이에 의지한 채 망연히 앉아있는 노인들 머리에 얹혀 있는 모자, 역동성을 찾기란 어렵다. 오래된 친구처럼 황혼이 지는 주인의 조용한 눈길과 같은 방향을 쳐다보고 있는 듯하다. 하지만 한창 인기 있는 연예인 머리를 장식하던 모자는 유행의 축을 이룬다. 그들의 이름값을 꼬리표처럼 달고 싱그러움을 뿌려대지만, 생명이 짧은 게 흠이다.

간혹 중후한 남성이나 예술가들 머리에 얹혀 있는 베레모를 볼 때면 야릇한 상상을 하게 된다. 혹여 민머리를 감추기 위한 위장이 아닐까. 은근슬쩍 벗겨 보고픈 충동까지 일어난다. 친정어머니 머리를 떠나지 않던 비둘기색 손뜨개 모자처럼 암 환자들의 우울함을 감추는 데도 역할을 한다. 일 년을 하루같이 친정어머니 머리를 감싸준 모자엔 그때의 한숨과 고통이 그대로 배어 있다. 암 투병을 끝낸 후 모자만 보면 진저리를 치던 친정어머니. 이젠 옛말이 됐지만 장년 여성들이 쓴 모자를 보면 그때가 먼저 떠오른다.

세계 도처에서 발생하는 기상이변도 한몫을 하지만, 요즘 거리엘 나가보면 모자는 패션을 완성하는 화룡점정 같은 존재임을 알 수 있다. 단순히 추위로부터 머리를 보호하거나, 치장을 위한 액세서리에 불과할지라도 모자는 필수품처럼 챙겨야 할 물건이 됐다.

매대 앞에 선 사람들은 이 모자 저 모자 집어 들어 어울리나 안 어울리나 거울 앞에서 모자 쇼를 하고 있다. 그들을 구경하다 겨우 앞창만 있는 것을 골라 들었다. 아무리 제멋에 산다지만 내게 모자는 언제나 용기가 있어야 하는 존재다. 소 잃고 외양간 고치는 격인가, 모자를 들고 거울 앞으로 다가선다.

(2008. 5)

고구마

  소슬바람이 불기 시작하면 집안에 주전부리를 준비한다. 코앞에 가게와 시장이 있고, 먹을거리가 지천인 세상에 살면서 무슨 조화인지. 경제성을 따져보면 그때그때 필요한 양을 사다 먹는 것이 유용하다. 하지만 베란다 한쪽에 감자니 고구마니 마른오징어나 쥐포 따위를 비축해두어야 마음이 편하다.

  우연히 지인의 시댁에서 고구마 농사짓는다는 소릴 듣자마자 센서가 작동한다. 출처가 확실하니 품질 하나는 믿을 수 있겠단 얄팍한 계산이 자동으로 이루어진 결과다. 막상 상자가 터져나갈 듯 꽉 채운 고구마를 받자 슬그머니 걱정이 앞선다. 과연 알뜰히 먹을 수 있을까. 지인은 야박하단 소릴 듣지 않기 위해 그득하니 채웠을 것이다. 어쩌면 상대가 그럴 거라는 심리를 적당히 이용한 것은 아닐까 소심증이 고개 쳐들며 슬며시 부끄러워진다.

　단 한 개도 썩혀 버리는 일 없도록 열심히 먹기로 했다. 욕심이 지나쳐 화근 덩이를 만들었단 소실 듣기 싫었다. 매일 고구마를 굽고, 찌고, 생으로 깎아 먹었다. 상자가 반 정도 비워졌을 때 고구마를 준 지인을 만났다. 그런데 그녀의 말을 듣자 내심 기특하게 생각했던 자신이 한심해지는 것이다. 그녀로부터 구입한 고구마는 호박 고구마라는 품종이다. 시간이 지날수록 당도가 높아지기 때문에 겨우내 비축해 두고 먹는 거란다. 남들이 다 아는 사실이라도 내가 모를 땐 어렵고 힘든 것이다. 밭에서 막 캐내 곳곳에 황토가 묻은 고구마를 받았을 때 물 좋은 생선이라도 사는 것 마냥 싱싱해 보여 좋았다. 미처 맛이 들지도 않은 고구마를 이 집 저 집 나눠주며 유난떨었으니.

　진즉 먹어치운 고구마가 아쉽긴 했지만, 그녀의 조언대로 따르기로 했다. 호박 고구마의 진가를 뒤늦게 안 만큼 아껴먹는 중이다. 하지만 오븐에서 구워진 것을 꺼냈을 때 달콤한 향과 진노란 색감의 유혹 앞에 매번 맥없이 무너진다. 싸늘한 바람 부는 날이면 따뜻한 위로가 된다.

　콜럼버스의 신대륙 발견으로 유럽에 소개된 식품 중 고구마도 한 자리를 차지한다. 스페인의 동방진출로 베트남에 상륙한 고구마가 중국으로 반출되고 다시 일본을 거쳐 부산에 상륙하였다. 당쟁이 최절정에 다다른 때니 서민들의 삶은 팍팍했을 것이다. 초근목피로 끼니를 때우던 서민들에게 고구마는 구황작물로 일용할 양식이 되었을 것이다.

나팔꽃 같은 고구마 꽃은 우리나라처럼 북반구에 있는 곳에선 좀처럼 보기 드물다. 하지만 기상이변으로 인해서인지 활짝 핀 고구마 꽃을 심심찮게 본다. 관상용으로 재배되는 꽃과는 비교되지 않지만, 배추나 감자, 무꽃처럼 수수하니 아름답다. 특히 토종인 메꽃을 닮은 고구마 꽃은 볼 때마다 애틋하다. 컴퓨터 바탕화면을 활짝 핀 고구마 꽃으로 채워 놓았다.

우리 땅에 들어선 낯선 작물들은 저마다 사연 하나씩을 품고 있다. 농경 국가이던 시절 먹을거리를 비축해 두는 것은 개인이나 국가나 매우 중요한 과제였을 것이다. 지리적으로 가까운 대마도는 일본 내에서도 고구마에 대한 대우가 각별하다. 쌀이 나지 않아 콩이나 보리 등으로 끼니를 해결할 때 고구마의 부드럽고 달콤한 맛은 최상의 음식으로 대접받았을 것이다. 반출이 금지된 고구마가 우리 땅에 올 수 있었던 것은 때마침 조선 통신사로 갔던 조엄의 혜안에 의해서다. 이젠 품종도 다양해져 한겨울 입맛 돋우는 간식거리뿐 아니라 다이어트 식품으로서도 인기다.

형형색색의 먹을거리가 즐비한 세상에서 밀려났던 토속 식품들이 환골탈태한 모습으로 속속 등장하고 있다. 웰빙 열풍이 일며 다양한 요리법까지 대동한 고구마가 항암효과까지 있다는 사실이 밝혀지자 더욱 사람들의 사랑을 받고 있다. 하지만 내게 고구마는 언제나 돌아가신 할아버지를 먼저 떠올리게 한다.

방안에 놓아둔 자리끼에 살얼음이 낄 정도로 강원도의 겨울밤은 매섭다. 따끈한 사랑방 아랫목에 올망졸망한 손자 손녀 앞혀놓고 할아버지는 화롯불에 고구마를 굽곤 하셨다. 잘 구워진 고구마의 노릇한 속살이 뿜어내던 달콤한 향은 할아버지 냄새다. 할아버지의 정겨운 주름살과 사랑이 그리울 때면 고구마를 찾는다. 우연히 사게 된 호박 고구마, 갓 구워진 노을빛 속살은 가슴 먹먹한 과거로 이끄는 타임머신이다. 고구마가 제철이면 난 할아버지를 만나 어리광을 피우고만 싶어진다.

(2009. 10)

마지막의 무게

랜디 포시, 신문이나 방송에서 그의 이야기가 회자될 때만 해도 말기 암이라니 안됐다는 생각뿐이었다. 인터넷을 통해 구입한 그의 저서 《마지막 강의》를 읽었다. '마지막'이란 낱말이 주는 비장함에 끌려 책을 손에 들자마자 한달음에 읽고는 눈이 퉁퉁 붓도록 울었다.

그의 글 어디에도 죽음의 그림자는 보이지 않았다. 세상살이에 대해 한없이 긍정적이고 밝아 영원히 지속될 것만 같은 그의 웃음소리가 페이지마다 담겨 있다. 더는 삶의 끈을 늘일 수 없음을 인정한 사람의 진솔함과 담담함이 두루마리에 그려진 그림처럼 차분하게 펼쳐져 있다. 책장을 덮고 한참을 망연자실한 채로 있었다.

최근 살아가는 일이 팍팍하고 다분히 권태롭던 차였다. 세계 경제가 불황의 늪으로 빠진다느니 고물가에 시장가기가 겁난다느니 암울한 이야기뿐이다. 유명 탤런트들의 연이은 자살 소식은 삶과 죽음이 샴쌍둥이처럼 붙어 있음을 보여준다. 매양 다를 것 없는 하루는 어떤가. 노점의 행상처럼 펼쳤다 접었다가 익숙하게 시작과 끝을 오가는 중이다. 아름다움에 대한 감동도 사람에 대한 호기심도 밋밋하고, 자신의 자리를 굳건히 하기 위해 동분서주하는 남편의 피곤해란 문구는 귀에 딱지를 만들려는 중이다.

어린 세 아이 때문일까, 젊디젊은 나이에 홀로 아이를 키워야 하는 그의 아내 때문일까. 더는 즐거운 강의를 접하지 못하게 된 그의 학생들, 아니면 지구 반대편에 살고 있는 그의 삶이나 내 삶이나 근본은 같다는 동질감 때문일까. 이유를 구분 지을 수 없는 눈물이 하염없이 흘렀다.

눈두덩이 부풀어 올라 찬 수건을 대고 있는 나를 보자 남편은 슬픈 내용인가, 당신 아직도 감성이 살아 있군 한다. 사내 녀석들 뒷바라지에 왜가리도 울고 갈 만큼 목청은 커지고, 투포환을 던져도 될 만큼 팔뚝 살은 튼실해졌다. 감성 운운하는 남편 말에서 아줌마가 웬 눈물바람이야 같은 빈정거림을 읽는다. 강부자처럼 세상 모든 것에 주체 못할 측은지심이 있는 것은 아니다. 세월은 외모 여기저기에 흔적을 남겨 놓지만, 마음은 여전히 유리알처럼 흠집 하나 안 나고 예전 그대로이다.

빳빳하게 다림질한 교복 깃처럼 순결하게 빛을 발하던 시절엔 알지 못했다. 늘 현재 진행형의 삶을 살 것만 같았으나 시작점이 있는 것은 마지막이 있고 마무리엔 언제나 대가가 있음을….

마지막을 떠올리면 눈물부터 난다. 돌이켜 보면 그런대로 무탈하게 살아왔는데 원인 모를 서러움이 몰려온다.

한때 유서 쓰기가 유행처럼 번지던 때가 있었다. 그때 나도 유서를 써서 내 이메일 주소로 보냈다. 간간이 받은 편지함에 저장된 유서를 클릭해 열어보곤 한다. 그런데 내게 쓴 유서를 볼 때마다 눈물이 난다. 세상에 대한 미련 때문인지, 심금을 울릴 정도로 수려한 문장 탓인지, 아니면 앞으로 살아봐야 화려한 날은 결코 오지 않을 수도 있다는 아쉬움 때문인지. 눈물의 정체는 흐릿하다.

타임머신이 만들어져도 과거로 돌아가고픈 마음은 없다. 지나간 시절에 저지른 어리석음을 반복해 자책하고 싶지도 않고, 지금과 다른 방식으로 살아낼 것 같지도 않다. 시간이 흐를수록 조금씩 나아지기를 바라며 오늘을 사는 것이 가장 나다운 모습이라 생각한다.

어릴 적 어느 한 날의 장면이 툭 튀어나올 때가 있다. 예고도 없이 기억의 인화지에 그림으로 남아 있다가 불쑥 생각날 때면 어쩌지 못한 채 그냥 먹먹한 가슴만 안고 서성인다. 세상이 어찌 돌아가든 해맑게 웃고 떠들던 단발머리 아이 적에도 고민은 있었을 것이다. 성적, 친구 관계, 통학 버스에서 늘 마주치던 남학생의 신상에 대한 궁금증이라든지.

언뜻언뜻 기억창고에서 튀어나오는 조각들이 하나씩 짝을 맞춰 그럴싸한 추억으로 포장될 때면 몸살 나게 그 시절이 그립다. 돌아갈 수 없는 시간이기에 더더욱 아름다운 것이라 여기고 살포시 감정을 누른다. 하지만 자신의 몸속에 기생하는 병마로 살아 있는 모든 것과 마지막 인사를 나눠야 한다면 랜디 포시처럼 미소 지을지 자신할 순 없다. 평범하기만 한 내 일상에 그런 긍정은 아직 소원하다. 그래서 그의 이야기가 주는 감동이 더더욱 큰 것인지도 모른다.

마지막이란 낱말은 무겁다. 어느 단어든 마지막이랑 짝이 되면 비장하지 않을 수 없다. 마지막은 그래서 진짜 마지막이라 여길 때 써야 한다. 얼마 전 암 투병 중이던 그가 병에서 놓여

나 영원한 안식을 얻었다는 신문기사를 접했다. 서가에 꽂힌 그의 책을 꺼내 앞날개를 펼쳤다. 선하게 웃고 있는 모습을 한참 동안 들여다보았다. 얼굴 어디에도 사자의 그림자는 없다. 행복하기 위해 최선을 다해 열정적으로 살다 간 그가 진정 편안한 마지막이었기를 소망한다.

(2008. 11)

쇼콜라티에

 밸런타인데이 때문인지 대형할인점뿐 아니라 선물가게 안에도 다양한 모양의 초콜릿이 한자리를 차지하고 있다. 해마다 이맘때가 되면 영악한 상술에 놀아나지 말자는 쓴소리는 후렴구처럼 빠지지 않지만, 초콜릿 제품은 날이 갈수록 매출이 느는 모양이다.
 가슴 언저리에 바람 든 것 마냥 허전할 때 초콜릿의 달콤한 향은 마력을 발산한다. 사랑하는 연인에게 오해로 서먹해진 친구에게 새로운 이웃에게 마음을 열고 싶을 때 건네는 초콜릿은 말로 다하지 못한 사연을 대신해 주기도 한다.
 벨기에를 비롯한 유럽은 수제 초콜릿으로 유명하다. 인터넷에 올라온 초콜릿 사진을 구경하다 보면 감탄사가 절로 나온다. 입 안에 넣는 순간 온몸 구석구석까지 초콜릿 향이 퍼져 나갈 것 같다. 하지만 모양은 하나같이 혼신을 다한 예술작품을 보는 듯한 착각에 빠지기도 한다.

유행을 선도하는 기발한 상상력과 열정 지닌 젊은이들, 그들의 입맛을 사로잡는 것에 따라 새로운 직종이 태어나기도 하고 스러지기도 한다. 서구화되어 가는 입맛 탓도 있겠지만 새로움에 쉽게 빠져드는 취향도 한몫할 것이다.

특히 초콜릿을 소재로 각양각색의 요리를 해내는 쇼콜라티에는 환상적인 묘기를 펼쳐 보이는 마술사 같다. 쇼콜라티에는 초콜릿을 가공해 다양한 요리를 만들어내는 사람을 일컫는다. 쇼콜라티에를 직업으로 선택하려면 정교함 못지않게 창의력과 민첩함이 필요하다. 약간의 열만 가해도 쉽게 녹는 초콜릿 다루는 일이 배고픔을 해결해주기 위해 음식을 만들어 내는 차원은 아닐 것이다.

시각적 생명을 불어넣어 먹는 사람의 오감을 최대한 만족시키는 한 차원 높은 예술의 경지다. 더는 아이들 간식거리 수준에 머물지 않고 당당히 하나의 음식으로 자리매김하고 있는 초콜릿은 어릴 적 내 만병통치약이기도 했다.

유난히 잔병치레 잦은 난 앓아눕는 적이 많았다. 딱히 지병이 있던 것도 아닌데 걸핏하면 신열처럼 찾아오던 열에 치여 누워 있으면 어머니는 미제 초콜릿을 구해와 머리맡에 두고는 하셨다. 빨갛게 상기된 뺨을 한 채 한 조각 떼어 입 안에 넣으면 거짓말처럼 아픈 것을 잊게 했던 기억은 신기루였을까.

초콜릿이 우리에게 익숙해진 것은 한국전쟁 무렵일 것이다. 미군들이 주둔했던 시기로 거슬러 올라가면 그다지 영광스럽지 않은 초콜릿의 등장을 볼 수 있다. 배고픔을 경험하고 산 적은 없지만 온몸으로 궁핍의 고통을 겪어야 했던 윗세대의 이야기를 듣다 보면 아릿한 아픔을 느낀다.

멀쩡한 사람들이 걸인처럼 차 꽁무니를 따라다니게 한 마력은 무엇이었을까. 생전 들어본 일 없는 카페인이 몸에 들어가 조화를 부린 탓인지, 아니면 담백한 우리 음식 맛과 사뭇 다른 달착지근하면서 씁쌀한 뒷맛이 미련을 갖게 했는지. 그 당시 초콜릿은 잘 사는 나라 미국에 대한 환상을 심어 주는데 큰 역할을 했으리라.

아득한 고대 시대 카카오 열매 속에 신비에 가까운 물질이 들어있는 것을 어쩌다 알게 됐을까. 설탕이 첨가되지 않았으니 맛은 씁쓰레했을 것이고, 수확할 수 있는 양이 적었으니 특정 계층만 가까이할 수 있었을 것이다. 때마침 유럽인들이 아메리카에 오지 않았다면 상황은 어땠을까. 유럽에 카카오를 전해 준 콜럼버스는 평생 그 맛과 가치를 몰랐다. 만약 그가 미리 알았다면 탐험가 콜럼버스 자리를 버리고 초콜릿 사업가로 재력가로 역사에 남았을까.

　시중엔 설탕의 수치를 줄인 카카오 제품이 다양하게 나와 있다. 웰빙 열풍은 초콜릿도 예외가 아니다. 카카오 99 퍼센트라는 제품까지 나와 있어 초콜릿 태초의 맛을 상상해 보기도 한다. 칡뿌리를 꼭꼭 씹으면 쓰디쓴 맛 뒤에 이어지던 한 줄기 단맛 같은 원초적인 맛이다.

　상대가 내미는 초콜릿을 인상 쓰며 받는 이는 없을 것이다. 딱딱하게 굳었던 마음조차 오뉴월 햇살 아래 엿가락처럼 살살 녹게 하는 힘을 가진 초콜릿. 쇼콜라티에를 볼 때마다 단순한 요리사가 아니라 꿈을 실현해 주는 예술가라 부르고 싶은 이유다.

　옷깃을 파고드는 찬바람에 어깨가 자꾸 움츠러든다. 창을 긁어대는 바람 자락이 사납게 울어댈수록 달콤 쌉쌀한 초콜릿 한 조각에서 얻어지는 여유가 그립다.

(2008. 2)

찬 바람이 불면

　국물이 얼큰한 찌개가 먹고 싶다. 몇몇 지인과 부대찌개를 전문으로 하는 식당을 찾았다. 판문점이나 의정부란 지명 앞에 '원조'란 낱말이 찰떡처럼 붙어있는 걸 보면 왠지 역사와 전통을 간직하고 있을 것 같다. 부대찌개의 주된 재료는 소시지나 햄인데 콩나물과 신 김치, 고추장과 각종 양념을 첨가해 툽툽하게 끓이면 국물 맛이 칼칼하고 시원하다. 그 맛에 길들여지면 비 오는 날 부침개처럼 바람 부는 날마다 자동으로 부대찌개가 떠오른다.

　원조라는 낱말을 빌려 오랜 전통을 강조하건만, 부대찌개의 시작은 그리 영광스럽지 않다. 한국전쟁 직후 국내 고기 생산량은 저조했다. 미군 부대에서 식재료로 사용하고 남은 햄이나 소시지 통조림 등을 고기대용으로 사용했다는 설도 있고, 군인들이 먹고 남긴 음식물을 모아 불순물을 제거하고 푹 끓여 죽 상태로 먹었다는 얘기도 있다.

하기야 해방이 되고 우왕좌왕하다 한국전쟁을 치러냈으니 생필품이든 공산품이든 풍족하다는 게 이상하다. 결코 영예롭지 않은 역사를 지녔지만 배곯는 이들로선 그나마 훌부셔 먹을 수 있다는 게 고마웠을 것이다.

식재료 확보를 쉽게 하려고 군부대 근처에서 자생적으로 생겨났다면 이젠 도심 곳곳에 근사한 모양새로 둥지를 틀었다. 물론 예전과 비교할 수 없을 만큼 바뀐 내용물과 맛 때문에 아이들에게도 인기가 좋다. 의정부시에서는 과거의 맛을 유지하기 위해 채소를 뺀 주재료 전부를 수입 햄으로 요리한다고 한다. 하지만 가공식품인 햄과 소시지만으로는 어림없다.

세월 따라 입맛 따라 더해진 것은 채소만이 아니다. 고춧가루와 파, 마늘 같은 양념도 톡톡히 제 몫을 했지만, 당면이나 라면 사리 등을 첨가해 찌개 맛을 고급화시켰다. 버려진 음식을 재활용한 것이 시초가 된 부대찌개야말로 동서양을 아우른 퓨전요리의 원조가 아닐까.

삼겹살과 더불어 대표적인 서민음식 부대찌개는 땀을 뻘뻘 흘리며 먹어야 제맛이다. 큼지막하게 썰어 넣은 두부가 플럭플럭 끓기 시작하면 얇게 자른 비엔나소시지부터 먹는다. 식당에 자리 잡은 대부분의 사람은 밥 위에 찌개를 덜어 쓱쓱 비비더니 후루룩 소리까지 내가며 먹는다. 그들을 쳐다보는 내 콧잔등에 땀방울이 송글송글 맺힌다. 팔팔 끓는 국물 속 고춧가루 맛이 자리가 떨어져 있는데도 느껴진다.

하지만 서민들 입맛을 사로잡았다고 부대찌개에 대한 대접이 좋은 것은 아니다. 국물 음식이 다양한 우리나라는 소금 섭취를 많이 하기로 유명하다. 고춧가루가 듬뿍 담긴 국물은 위암을 비롯해 성인병의 요인이란 원성을 듣기도 한다. 그래도 얼큰한 맛이 제거된 부대찌개는 상상할 수 없다.

매운맛이란 게 혀가 느끼는 고통이라지만 사우나라도 한 듯 시원한 뒷맛 때문에 자꾸 국물을 떠먹게 된다. 머리를 짓누르던 이런저런 문제들이 잠시나마 싹 잊히는 것 또한 국물의 매력일 것이다.

짓밟힐수록 꿋꿋하게 살아나는 뚝심과 주변정세에 발 빠르게 적응하는 놀라운 순발력이 만들어낸 부대찌개가 제맛을 내는 계절이다.

(2009. 2)

5.
신기료 아가씨

스마트한 세상이라는데

그림 읽기

유행가

불 켜진 창

신기료 아가씨

빠빠라기

하늘에서 본 한국

동백꽃 속으로

뱃살방에 가야 할까

글쓰기, 그 중독의 길

스마트한 세상이라는데

경로 이탈이라니, 오른쪽엔 한강이 흐르고 왼쪽은 아차산이 시작되는데 어디로 가라는 걸까. 경로를 재탐색할 테니 다음 지시 때까지 직진하란 그녀의 야멸찬 소리가 이어진다. 말 안 듣는 아이 훈계하듯 냉담하다.

안다니처럼 굴던 그녀가 조용하다. 고운 목소리로 속도를 줄여라 안전운전해라 왼쪽으로 오른쪽으로 쉴 새 없이 지시를 내린다. 만약 따르지 않으면 침묵이다. 그렇다고 기죽을 일은 없다. 비위가 떡판에 자빠진 것처럼 잠시만 기다리면 다시 떠들어댈 테니까.

스마트폰을 구입한 남편은 내비게이션 기능을 내려받아 낯선 도로를 갈 때 애용한다. 조수석에 앉아 지도책에 코 박고 헤매던 나로서야 두 손 들어 환영할 일이지만 시간이 갈수록 그게 아니다. 다정도 병이라더니 도가 넘친 그녀의 친절에 머리가 욱신거릴 정도다. 꾀꼬리 울음 같던 목소리가 소음처럼 시끄럽다.
　하루가 다르게 진화하는 세상과 보조 맞추는 게 여간 고욕이 아니다. 잰걸음으로 종종거리다 보면 금세 보폭 맞추기가 힘들 정도로 처진다. 기기의 진화는 세대 간의 격차뿐 아니라 대화의 공통분모까지 자꾸 좁혀 놓는다.
　얼마 전 내 휴대전화 기능에 있는 줄도 몰랐던 것을 아들 녀석에게 배웠다. 손바닥만 한 기계에 놀림당하는 기분에 무시하곤 했는데 막상 시키는 대로 했더니 원했던 것들이 이루어진다. 이 무슨 전지전능이람. 기운을 잃어가는 뇌세포들이 바짝 긴장이다. 세상에 없던 것을 나 혼자 얻은 듯 득의만면, 그러나 또 길을 잃고 헤매기 일쑤다.
　사람이 사람과 관계를 맺고 사는 것이 이치련만 요즘은 기계와 잘 지내는 것이 우선인 듯하다. 당장 밥을 짓는 것부터 청소 빨래 현관 자동문 등 기계가 내리는 지시사항을 어기면 가차 없이 경고를 날린다.
　평생공부라더니 쉴 새 없이 배워야 살아남는 세상이 돼버렸다. 조금씩 기능이 추가된 기계가 나올 때마다 수나롭게 부리고 살려면 설명서를 꼼꼼하게 숙지해야 한다. 시부적시부적 넘어가려면 큰코다칠 일이 생기니까 말이다.

 남편은 스마트폰을 손에서 내려놓을 줄 모른다. 시간만 나면 손바닥에 올려놓고 손끝으로 살살 어루만지며 가지고 논다. 새로운 애플리케이션이 올라오면 득달같이 내려받아 보물 챙기듯 쟁여둔다. 세상과 연결된 동아줄이나 되는 듯 붙들고 있는 걸 보면 부아가 치민다.

 옛이야기에 나오는 거울을 처음 대한 아내가 된 기분이다. 장에서 아내에게 주려고 거울을 사다준 남편에게 웬 젊은 여자를 데리고 왔다며 울고불고하던 장면이 떠오른다. 남편이 잠든 사이 스마트폰을 가져다 전원을 켰다. 화면 가득 내려받아 놓은 것들을 손끝으로 건드리자 문이 열리듯 새로운 세상이 나타난다. 알리바바의 주문을 외울 필요도 없다.

 내일 날씨부터 동네 맛집 주식시세 악기처럼 연주도 해보고 관상도 보고 점점 손끝에 속도가 붙는다. 스치듯 건드렸을 뿐인데 온갖 정보와 내가 있는 곳의 위치까지 힘들이지 않고 불러다 주는 마법에 취한다. 미욱한 나는 기계가 안내하는 대로 정보의 바닷속을 유영한다.

생각도 생활도 아날로그일 수밖에 없는 내게 요원할 줄 알았던 스마트한 세상은 별천지처럼 보인다. 고추장 단지가 열둘이라도 서방님 비위를 못 맞춘다 했는데 스마트폰 속 세상은 너울가지 부족한 내게 통 크게 품을 펼쳐 이것저것을 허락한다.

화면에 눈을 고정한 채 손끝에서 열리는 세상 속으로 빨려 들어 간다. 신선놀음에 도낏자루 썩는 줄 모른다더니, 스마트폰에 마음을 빼앗긴 나는 시간을 잊은 채 빠져들고 있다.

(2011. 3)

그림 읽기

　물총새 한 마리가 내려다보고 있는 물속에는 서너 마리의 물고기가 유영하고 있다. 잠시 후 벌어질 자신의 운명을 감지 못한 채 지극히 평온하다. 팽팽한 물총새의 긴장과 반대로 여유롭기만 한 물고기 모습에 사위의 꽃들이 숨죽인 채 바라보고 있다.
　온갖 꽃 사이로 수탉과 암탉 그리고 병아리 두 마리가 나들이를 나왔나 보다. 멋들어지게 거미줄을 쳐놓고 먹잇감을 기다려야 할 거미가 닭 가족의 소풍을 부러운 듯 바라본다. 설악산의 화가로 알려진 김종학의 작품 속 세상에서 벌어지고 있는 사건은 진행형이다.
　나는 한 마리 나비가 되어 노화가의 그림 속 세상으로 들어가 꽃들과 작은 생명이 펼치는 수다 속으로 빠져들고 싶다.

화폭 속에 고스란히 담긴 설악의 사계. 봄은 화사하고 여름은 짙푸른 녹음에 둘러싸여 초록 물이 뚝뚝 떨어질 것만 같다. 생명을 잃은 듯 모든 것이 갈색으로 침잠한 가을은 황량함 대신 넉넉함이 읽히고 겨울, 눈으로 뒤덮인 흰 설악은 백미다. 화려함이 사라진 곳마다 쓸쓸함이 아니라 기개를 품고 있는 설악의 속살을 온전히 내보이고 있다.

자연을 화폭에 담는 일이 화가로서 특별한 것은 아니다. 그러나 똑같은 꽃 그림이라도 노화가의 붓끝에서 탄생한 그림은 선 굵은 원초적인 날것의 생명이 느껴진다.

벚꽃이 아스팔트에 눈처럼 쌓이는 길을 걸어 찾아간 과천 현대미술관에서 노화가의 그림을 만났다. 꽃 진 자리마다 연둣빛을 내놓는 바깥풍경과 달리 그의 그림에서는 여전히 원색의 꽃들이 만발해 꽃멀미를 일으키고 있었다.

자연에 묻혀 사는 사람들에게 꽃은 어떤 의미일까. 가을의 결실을 미리 점 쳐보는 단초일까. 원색의 그림이 돋보인 것은 도시라는 건조한 분위기 탓일지도 모른다.

모천을 찾아 회귀하는 연어처럼 우리가 돌아가야 할 곳, 사람도 자연의 일부다. 아무리 과학기술이 발전해 우주를 여행하는 시절이 온대도 자연을 떠난 삶은 반쪽짜리 아닐까.

　설악산은 중부지방에 사는 내게 산소 같은 곳이다. 안양도 지리적 조건은 나쁘지 않다. 관악산과 모락산 그리고 청계산이 가까이 있어 마음만 먹으면 언제든지 산행할 수 있다. 하지만 도시인들의 발길에 밟혀 딱딱해진 산책로와 오르내리는 사람들 어깨가 부딪힐 정도로 수많은 인파는 산에 발을 들여놓기도 전에 지치게 한다.

　지척에 이름난 산을 두고 멀리 떨어진 설악을 꿈꾸는 것은 그곳에 가면 숨통이 확 트일 것만 같고 폐 속에 가득 찬 도시의 시멘트 냄새가 깡그리 빠질 것만 같기 때문이다.

　이리저리 자유롭게 뻗은 나무와 무성한 풀들 사이로 생명의 숨결이 가득한 설악. 내 몸은 유체이탈이라도 한 것 마냥 그곳에 가 있었다. 샤갈의 그림에서 잊고 살던 꿈 한 가닥 끄집어냈듯 설악의 결을 화가의 시선으로 채색한 그림 앞에서 진정한 봄바람이 일렁이는 것을 느낀다. 연둣빛으로 충만한 신록 속으로 걸어 들어가 이대로 풍경이 되고 싶다. 도시의 소음과 매연에서 벗어나 초록의 정기를 오롯이 받고 싶은 오월이다.

　　　　　　　　　　　　　　　　　　　　　(2011. 5)

유행가

걸 그룹을 비롯해 아이돌 가수가 대세다. 그들의 노래가 내게는 그림의 떡이다. 빠른 박자로 인해 숨이 턱까지 차는 것도 힘겹지만, 중간에 포진해 있는 랩은 도통 외우기도 음을 타기도 어렵다. 게다가 그들의 현란한 손짓과 요란한 춤사위는 마음만 심란하다. 귓속을 파고들며 착착 감기는 맛이 없다. 자연스레 학창시절 즐겨 부르던 가수들의 앨범을 찾아 듣곤 한다. 그런데 어느 순간 심수봉이란 가수가 맥없이 좋아지기 시작했다.

비음 섞인 음색과 절절한 노랫말은 조용히 귀를 기울이게 하는 마력이 있다. 대중가요 가사 대부분을 차지하는 것이 실연에 대한 슬픔과 후회라지만, 발표하는 노래마다 애타게 사랑을 구하거나 떠나간 임으로 인해 가슴앓이 하는 내용 일색이다. 그녀의 노래를 듣다 보면 가슴에 돌덩이가 얹힌 것 마냥 뻐근한 느낌이 들게 된다. 외로움이란 감정을 멍에처럼 짊어지고 평생을 고통 속에 갇힌 것처럼 답답하다.

그녀 노래 속에 담겨있는 사랑이 비단 이성 간의 애정만을 의미하는 것은 아닐 것이다. 탯줄을 가르고 독립된 개체가 되는 순간 천형적인 외로움은 어쩌면 필연일지 모른다. 누구나 마음이 통하는 친구를 얻고 싶지 않겠는가.

같은 방향을 바라보며 삶의 여정을 함께 할 수 있는 단 한 사람도 곁에 없다면 세상을 거머쥔들 행복할까. 노랫말이 그녀 삶의 실체를 얘기하는 것은 아니겠지만 진정한 정인을 그리며 자신의 존재를 확인받고 싶은 인간 본연의 감성을 노래로 풀어낸 것은 공감한다.

남편은 처량 맞은 곡조도 그렇지만 흐느끼는 것 같은 콧소리를 달가워하지 않는다. 신 나고 밝고 명쾌한 노래도 많은데 하필 청승맞은 노래를 좋아하느냐 지청구를 잊지 않는다. 유행가는 말 그대로 유행가다. 세월의 흐름과 사람들 관심을 대변해 노래로 태어나는 것이다. 오페라나 클래식과 달리 대중의 감성을 자극해야 하니 세월 따라 곡조도 가사 내용도 다를 수

밖에 없다.

여울을 만난 냇물이 휘돌아 흐르듯 유행가를 따라 부르다 보면 해결점을 찾지 못해 끙끙대던 문제들이 훌훌 리듬을 타고 날아간다. 트로트 가수들의 기교 섞인 꺾임을 듣고 있다가 보면 내 목도 자연스레 에스라인을 그리게 된다. 노래 부르는 가수와 합일되는 것 같은 착각에 빠져 흥얼흥얼 즐겁다.

한때 트로트의 근원이 일제 강점기 때 들어온 엔가라면서 천시하던 시기가 있었다. 하지만 모방 없는 창작이 있을까. 문화란 살아있는 유기체라서 끊임없이 합치고 분열하며 제 모습을 갖추는 것이다. 이젠 전통가요란 이름으로 당당히 자리매김한 트로트 장르에서 젊은 가수들을 볼 수 있는 것도 반갑다.

남편은 선심이나 쓰듯 한국인이 좋아하는 영화음악이나 7080 대중가요 그리고 트로트를 선곡해 엠피스리에 저장해 주었다. 귀에 이어폰을 꽂고 음정 상관없이 따라한다. 해결점이 보이지 않는 문제도 삶의 단조로움도 일순 형체를 잃고 만다. 그저 노랫가락에 고개가 까닥이고 어깨가 들썩이며 즐겁다. 귓속을 간질이는 노래가 유행할 때 내 머릿속을 꽉 채운 고뇌와 혼란스러워했던 감정도 고스란히 떠오른다. 이십 대, 막연한 불안증으로 인생이란 낱말이 무겁게만 느껴졌고 조화롭게 삶을 꾸리는 것도 어설펐다. 중년의 문턱을 넘은 지금 예전보다 좀 더 지혜로워졌을 거라 믿는다. 세상과의 타협이 비굴이 아니라 소통으로도 해석할 수 있고 길이 막혔을 땐 돌아가면 된다는 것도 안다.

딱 대중가요 가사만큼 통속적이게 살고 싶다. 어느 집안이든 한두 가지 머리 아픈 문제는 있게 마련이다. 대하소설 열다섯 권 분량만큼은 아니어도 나름 치열하게 순간순간을 살아왔다. 각본 없는 삶이란 무대에서 가끔 드라마 속 인물처럼 재기 발랄한 멘트를 구사할 수 있는 순발력을 기대한 적도 있다. 걷기 전에는 앞에 무엇이 놓여 있을지 알 수 없는 게 인생길이다. 노래 한 소절 읊조리며 갈 수 있는 여유를 꿈꾼다.

소쩍새의 피 울음 같은 장사익의 노래를 듣다 심수봉의 것으로 바꾼다. 가슴 깊이 가라앉은 감정을 헤집어 비트는 듯한 장사익보다 심수봉의 비음이 제격인 계절이다.

(2011. 3)

불 켜진 창

　언뜻 잠이 들었나 싶었는데 귓속을 파고드는 소음에 저절로 눈이 떠졌다. 새벽 한 시가 넘었는데 육두문자 섞인 소리가 아파트 사이를 돌아 퍼져 나가고 있다. 베란다 창으로 내다보니 취객끼리 옥신각신하더니 무람없이 길바닥에 누워 고래고래 소리를 지르고 있다. 잠시 후 어둡던 창마다 불빛이 하나둘 켜진다. 아마 나처럼 잠이 들었다 깨어난 모양이다.

　소음의 근원을 확인했는지 켜졌던 불이 하나씩 사라졌다. 나도 다시 잠을 청했으나 한 번 달아난 잠은 도통 내게 오지 않았다. 거실로 나와 불도 켜지 않고 밖을 내다보았다. 도로를 내달리는 차량의 후미 등이 새빨갛게 꽃처럼 피어나고 있다. 멀리 상가 간판에서 나오는 불빛이 이상향처럼 아름답다는 생각이

든 순간 유난히 불빛이 환한 앞 동의 창 하나가 눈에 들어온다.

다가온 대학입시를 준비 중인 학생 방인가, 취업을 위해 밤잠까지 설치며 스펙 쌓기에 열중인 대학생일까. 밤에 잠 못 이루는 사람은 왠지 학생일 거라는 생각의 한계를 넘지 못한다.

지금쯤 꿈도 꿀 수 없는 단잠에 빠져있을 큰애가 떠오른다. 인생의 두 번째 고개쯤 되려나. 입대하고 막 신병훈련에 여념이 없을 아이를 생각하니 잠은 내게서 더 멀리 달아난다.

대학입시를 위해 잠과 사투를 벌이던 때가 엊그제 같은데 이젠 불완전한 나라의 남자로 태어난 운명을 받아들이기 위해 집을 떠났다. 낯선 곳에서 낯선 사람들과 동고동락하며 주어진 시간을 보내야 한다.

신병훈련소가 있는 진주를 향해 가던 중 점점 웃음기가 사라지던 아이 얼굴이 자꾸 눈앞에 그려진다. 우리 부부는 아이의 긴장을 풀어주려고 너스레를 떨고 장난을 걸었지만 아이는 미소만 지을 뿐 대꾸가 없었다. 자신 앞에 펼쳐질 시간을 어떻게든 평정심을 유지한 채 대면하고 싶었을 것이다.

입대한다는 것은 몸과 마음이 무탈한 증거야, 남들도 겪는 것이니 걱정 마라, 이런 말들이 무슨 위로가 될까. 잊을 만하면 터져 나오는 병역비리 관련 소식은 아들 둔 부모들 심정을 무참하게 만든다. 마치 선택받지 못해 감당해야 하는 것이 병역인 것처럼 법을 조롱하는 그들을 볼 때마다 혼자 분노한다. 소심한 심장 지닌 난 그저 내가 뱉은 말처럼 무탈하게 정해진 시간이 흐르길 바랄 뿐이다.

 연병장에 지역별로 모여 내리쬐는 땡볕을 고스란히 받고 서 있던 아이들 모습이 선명하게 떠오른다. 익숙한 환경을 뒤로하고 세상 속으로 떠날 채비를 갖추고 있는 것임을 아이는 알까. 자신에게 주어진 책임과 의무를 오롯이 해냈을 때 주어지는 당당함은 스스로 주는 상이다.

 뿌리를 깊이 내린 나무는 바람에 의연하다. 인생이란 큰 바다를 항해하려면 기초체력이 튼튼해야 한다. 어떤 시련도 좌절도 견뎌낼 수 있는 강한 정신과 건실한 육체로 탈바꿈한 아이를 그린다. 짙은 어둠 속에도 빛이 숨어있듯 세상을 향해 비상을 꿈꾸는 이들의 내일이 기다리고 있음을 믿는다. 아무리 몰강스런 시간이 놓였다 해도 헤쳐 나갈 지혜와 용기만 있다면 거칠 것이 없다.

 불 켜진 창을 향해 주문을 건다. 소망하는 것을 향하여 이 밤 새하얗게 보내는 그대들, 모두 이루리라.

(2011. 9)

신기료 아가씨

루브르참나무 그늘이 깊게 드리운 곳에 한 평 남짓한 컨테이너가 놓여 있다. 구두 밑창을 갈거나 구두코에 왁스를 발라 광을 내는 늙수그레한 아저씨의 옹송그린 모습이 밖에서도 보였다. 큰 도로도 없고 아파트 단지와 단지 사이에 있는 곳이라 과연 고객이 찾아들까 지나칠 때마다 괜한 걱정이 앞서고는 했다.

내 걱정이 현실이 되었다. 자물쇠가 채워져 자리만 차지한 컨테이너가 사물처럼 있더니 어느 날, 알루미늄 외벽에 알록달록 글귀들이 나붙었다. 근무시간과 수선비 가격표 본인이 취급할 수 있는 일의 범위 등 빼곡하게 적혀 있는 글귀가 얌전한 데다 재미까지 있다.

월요일부터 금요일까지 근무합니다. 비가 오거나 눈이 오면 쉽니다. 빠른 연락을 원하시면 이리로 하면서 종이상자를 오려 만든 통 속에 직접 만든 명함까지 갖추고 있다. 아버지 사업번창을 위한 예쁜 딸내미의 배려라 생각했다.

참나무 이파리가 남김없이 사라진 겨우내 문은 꼭 닫혀 있으나 간간이 새어나오는 불빛과 기계음으로 여전히 성업 중임을 짐작할 수 있었다. 언젠가 이런저런 하자로 밀려나 있는 구두를 들고 한 번 찾아와야지 다짐만 할 뿐 내 게으름은 계절을 넘겨 연둣빛 싹이 세상을 장식하는 봄을 맞고 말았다.

루브르참나무 가지마다 아기 손 같은 잎사귀가 가득할 때였을 것이다. 다시 알루미늄 겉면에 안내 글이 다닥다닥 붙었다. 겨울보다 수선할 수 있는 능력이 한층 나아졌는지 가짓수가 늘었다. 유심히 안을 들여다보니 젊은 아가씨가 들어 있다.

구둣방 안은 수선에 필요한 도구들이 알맞은 자리에 놓여 있고 자투리 공간은 아늑하게 꾸며놓았다. 아버지에게 자상하고 애교 넘치는 딸이구나. 그녀를 보는 내 마음이 괜히 흐뭇해졌다. 그런데 그녀에 대한 말이 솔솔 사람들 입에 오르내리는데 내가 상상했던 것과는 완전히 다른 거다.

그녀는 아버지 일을 거들어주는 심성 착한 딸이 아니라 엄연한 사업장의 주인이었다. 헌 구두나 발이 불편한 구두를 새롭게 변신시켜 주는 신기료 아가씨다. 지인을 통해 전해 들으니 그녀의 선택이 신선했다. 학교를 졸업하고 취업전선에 뛰어든 부분은 다른 젊은이들과 다를 바 없다. 그러나 곧 그녀는 자영업을 고려하게 되었고 구두 수선하는 일이 좋았단다.

시집도 안 간 젊디젊은 여자가 무슨 거친 구두수선이냐고 쑤군대는 사람들을 향해 조금도 주눅이 들지 않고 자신의 꿈을 얘기한다. 하이힐을 신어봤기 때문에 불편한 구두 사정을 누구보다 잘 알고, 불황인 요즘 헌 구두를 고쳐 신으려는 주부 마음마저 꿰고 있으니 구두 수선이란 일에 여성의 섬세함이 돋보인다는 것이다.

선입견 때문에 주저하던 동네 사람들이 하나둘 드나들자 금세 입소문이 났다. 참새 방앗간처럼 늘 한두 명의 동네 여자들이 의자에 앉아 구두 수선하는 모습을 지켜보았다. 꼼꼼하게 수선하는 그녀 솜씨는 하루가 다르게 좋아지는 모양이다. 몇 해 전 상가에 미용실을 열었다가 떠나간 남자 미용사가 오버랩 된다.

그는 미용 보조 일을 하며 자격증을 따고 열심히 돈을 모아 상가 지하에 미용실을 차렸다. 지금이야 남자가 미용 일하는 것이 남우세스러울 일도 아니고 시선을 끌지도 않는다. 일에 대한 열정 차이라면 모를까, 직업을 택함에 남녀 구분은 더는 문제 되지 않는다.

그러나 그는 오래지 않아 미용실을 처분하고 동네를 떠났다. 미용 일에 대한 사랑이 없어서라기보다 축구선수라면 안성맞춤일 외모에 대한 선입견이 걸림돌이 되었던 모양이다.

편안히 머리를 맡기고 휴식을 취하기엔 불편할 정도로 그는 사람 대하는 면이 서툴렀다. 첫 사업의 성공만을 꿈꾸며 주부가 주를 이루는 동네 미용실의 특성을 파악 못 한 것은 아닌가 하는 아쉬움이 있다. 그가 떠난 후 미용실은 줄곧 중년 여인으로 이어져 오고 있다.

한창 멋을 내고 친구들과 수다가 제격일 듯한 신기료 아가씨를 볼 때마다 속이 꽉 찬 야무진 처자라는 생각이 든다. 그녀도 예쁜 옷 입고 폼 나는 일하며 젊음을 보내고 싶을 것이다. 사람들 시선 같은 건 상관없다는 듯 스쿠터까지 장만해 수선한 구두 배달까지 다니는 모습을 보면 산소 가득한 숲에 들어선 것처럼 기분이 상쾌해진다.

88만원 세대라며 자조 섞인 푸념을 늘어놓는 대신 정직하게 땀 흘리며 돈을 벌겠다는 그녀의 노동론은 어느 명사의 연설

보다 아름답다.

  참나무 잎이 손바닥만 해지는 여름 풍경 속에 신기료 아가씨가 있다.

(2011. 4)

빠빠라기

　세상을 얼려버릴 듯 폭한 속에 시작한 새해가 벌써 석 달째 접어들고 있다. 새해 소망을 나누던 게 엊그제 같은데 남녘땅에서 슬슬 꽃소식이 올라오고 있다.
　새 학기가 되면 내게 수업을 받는 학생들의 시간표를 대폭 수정해야 한다. 다녀야 할 학원 숫자가 해마다 늘어나니 책 한 권 읽을 짬도 애를 써야 만들어낼 수 있다.
　며칠 전 초등학교 삼 학년 된 아이가 미간을 찌푸린 채 물었다. 세월이 왜 이렇게 빠른 거냐고. 친구들과 온 동네를 헤갈하며 보내는 하루해가 아니다. 시계 바늘의 움직임에 따라 학원과 학원을 전전하며 살아야 하는 현실이 이 땅의 어린아이 모습이다. 누구라 할 것 없이 시간의 틀에 갇혀 다람쥐 쳇

바퀴 돌 듯한 삶에 제동을 거는 책이 있다.

1920년 에리히 쇼이어만에 의해 출간된 《빠빠라기》, 남태평양 티아베아 섬마을 추장인 투이아비가 섬사람들을 향해 연설한 것을 모은 것이다. 빠빠라기는 사모아 말로 하늘을 가르고 나온 자란 의미를 담고 있다.

사모아 섬에 처음 온 백인 선교사는 돛단배를 타고 찾아왔단다. 원주민들은 멀리 수평선 위로 보이는 하얀 돛단배 모습을 보고 하늘에 난 구멍이라고 생각했고 그 구멍을 통해 온 백인이 하늘을 가르고 온 자라 여겼다. 빠빠라기는 그 당시 원주민과 다른 문명사회에 사는 백인을 통칭하는 낱말로 쓰였는데 투이아비 눈으로 보면 우리도 같은 처지일 것이다.

산업사회에서 건너온 백인의 눈에 비친 섬사람들 모습은 모든 게 원시적인 불편함의 연속처럼 보였겠으나 투이아비는 오히려 문명사회의 모순을 찾아내 얄밉도록 꼬집고 있다. 그가 제시한 자연의 경이로움, 만족할 줄 아는 삶, 그리고 시간에 쫓기지 않고 살아가는 방식은 오랜 세월이 흐른 지금도 공감을 얻을 만하다.

앞만 보고 내달리기는 그 시절이나 지금이나 매한가지였던 모양이다. 좀 더 나은 삶을 위해 희생하고 시간을 분 초 단위까지 쪼개며 살지만 삶의 만족도는 갈수록 떨어지고 세상살이는 팍팍해져 간다.

한창 꿈을 갖고 이런저런 도전을 해봐야 할 아이들이 시간표에 쫓겨 동동거릴 때마다 무엇을 위해 이리 바쁘게 살아야 하는가 의문을 품게 된다. 하루하루 내 삶의 질은 따져보지 않고 숫자에 맞춰 사는 삶 속에 여유가 깃들 순 없을 것이다.

달력 숫자마다 빼곡하게 적혀있는 약속과 할 일 목록은 치열한 삶의 증거일까. 좀 더 나은 생활을 위해 직업을 갖고 돈을 벌고 시간에 쫓기는 현실이 지극히 당연하다 여기는 그 순간부터, 삶의 주인이 아닌 물질의 노예로 전락해버렸다는 걸 인정하는 게 쉽지 않다.

한참 뒤에 세상에 온 에리히 프롬은 《소유냐 삶이냐》란 글에서 더욱 신랄하게 삶의 방식에 대해 말하였다. 이미 앞서 난 사람들에 의해 어떻게 사는 것이 인간적이고 후회를 덜 할 수 있는 것인지 밝혀졌지만, 매번 모순을 택하는 것은 어리석어서일까, 나만은 다르다 생각해서일까.

1915년 당시 독일의 식민지였던 폴리네시아 사모아의 티아베아에서 일 년 남짓 머물렀던 에리히 쇼이어만에게 섬사람들의 삶은 신선한 충격이었을 것이다. 당연하게 생각한 물질적인 것들이 삶을 해치는 악령이라 말하는 투이아비식 해석은 받아들일 수 없었을 것이다.

투이아비가 하찮다 못해 악령이 깃든 것이라 여긴 물질적 욕망을 채우기 위해 무거운 짐을 스스로 짊어진 지금의 우리를 보면 뭐라 할까. 이젠 아이들까지 시간에 쫓겨 바쁘다를 연발하는 요즘 어쩌면 삶은 눈 깜짝할 사이에 자취를 감추는 봄 같은 것일지도 모른다는 생각이 든다. 잠시라도 시간의 굴레에서 벗어나 온몸의 감각을 열어 진정 원하는 것이 무엇인지 다시 한 번 생각해봐야 하지 않을까.

실수한 만큼 되돌려 다시 시작할 수 있는 게 삶이라면 이런 고민이 사라질까. 최첨단을 향해 질주하는 21세기에 노자처럼 무위자연을 외치며 살 수는 없다. 그러나 적어도 어린 아이들한테만큼은 실수해도 괜찮다고 언제든 다시 시작할 수 있다고 내 마음대로 시간을 나눠주고 싶다.

(2010. 3)

하늘에서 본 한국

―얀 아르튀스 베르트랑의 사진집을 보고

 이십육 층짜리 아파트 꼭대기를 향해 엘리베이터를 타고 오르는 동안 바깥 풍광은 보이지 않는다. 그러나 몸은 고공으로 향하는 순간을 또렷이 감지해냈다. 활주로를 달려 막 날아오르는 비행기 속에서 느꼈던 순간의 저릿한 느낌이랄까. 엘리베이터 문이 열리고 복도에 발을 딛는 순간 창밖으로 보이는 것은 하늘뿐이다.

 복도를 따라 틈새 없이 닫혀 있는 창문을 열고 내려다보았다. 눈 아래 펼쳐진 동네는 적당한 간격을 사이로 높낮이가 다른 아파트가 서 있다. 주차장의 차들은 아이들 장난감처럼 앙증맞고 나무들은 초여름의 햇살 아래 가지마다 싱그러움을 토해내고 있다. 실핏줄처럼 나 있는 길을 따라 걷는 사람 모습은 손가락 한 마디에 불과해 마치 내가 걸리버라도 된 기분이다.

우러러만 보던 건물에서 내려다본 세상은 내가 알던 곳이 아닌 생경한 풍경처럼 다가왔다. 그도 그랬을까.

얀 아르튀스 베르트랑. 헬기를 타고 고공에서 지구의 모습을 담은 그의 사진집을 보았을 때 처음 떠오른 생각은 '아름답구나'였다. 피사체가 무엇이든 하나같이 조화롭고 입이 다물어지지 않을 만큼 감동적이었다.

카메라 렌즈에 담긴 지상의 모습은 일부러 연출한 적 없음에도 면면이 예술작품이다. 쓰레기를 모아놓은 공간도 수출을 위해 화물을 잔뜩 쟁여놓은 항구도 마치 그의 렌즈를 향해 자세를 취한 것처럼 나름 조형미를 갖추고 있었다. 그러면서 사진은 바라보는 대상을 향해 조곤조곤 말을 걸어온다. 뉴칼레도니아의 하트모양을 한 갈맷빛 습지는 자신의 별로 돌아간 어린 왕자에게 보내는 지구인의 연서처럼 애잔하고, 전쟁의 포화가 멎은 곳에 아무렇게나 버려진 낡은 무기들도 카메라 앞에 구순한 풍경으로 되살아났다.

지구가 자신의 조국이라 당당히 말하는 그의 자연 사랑은 애틋하다. 얀이 발견한 지상의 아름다움은 갑자기 생겨난 것이 아니다. 사물을 남과 다르게 보는 법을 본능처럼 꿰찬 그의 감각, 그리고 무한한 애정이 한편의 파노라마처럼 지구의 풍경을 그려냈을 것이다.

그는 우리가 모두 지구의 품 안에 사는 공동운명체임을 깨닫기 원한다. 인간이 정해놓은 지상의 경계가 얼마나 무의미한지 카메라 렌즈를 통해 세상에 끊임없이 외치고 있다. 아무리 성능 좋은 철책으로 이쪽과 저쪽을 나눠 놓아도 하늘에서 보면 한낱 선에 불과하다는 걸 알기 때문이다.

그가 한반도 남쪽 땅을 담아낸 사진집이 세상에 나왔다. 반토막 난 한반도의 남쪽 하늘을 5년에 걸쳐 비행하며 한 컷 한 컷 찍은 강산의 모습을 보자 눈물이 솟는다. 폐허뿐인 과거에서 용트림하듯 성장한 현재의 모습을 찾아낸 그의 감각에 콧등이 찡해 온다. 전 세계를 돌며 지구의 구석구석을 카메라 렌즈에 담은 그도 한 가지는 해낼 수 없었는데 북녘의 풍경을 싣는 일이다. 한낱 선에 불과한 선이 장벽이 되어 사진집 어디에도 북녘땅 모습은 찾아볼 수가 없다.

개인의 이기심에 짓밟힌 숭례문이지만 그의 사진 속에서는 여전히 위풍당당하다. 빌딩으로 겹겹이 포위된 곳에 수줍은 듯 고고한 자태를 잃지 않은 고풍스러운 궁궐 모습은 유럽의 어느 도시풍경보다 아름답다.

백육십여 장의 사진 중에 인상적인 것은 조상의 무덤을 에두르며 조성된 제주의 밭 모습이다. 푼푼한 할아버지의 미소로 되살아난 봉분과 곡장 모습이 파리지엔인 얀의 눈에는 한 폭의 정물화처럼 여겨진 듯하다.

남해 어촌의 구불구불한 논배미가 그려내는 곡선이 정겹고 다정하다. 푸서리 같은 곳도 그의 렌즈 앞에서는 보물이 숨어 있을 것만 같은 비경이 된다. 이방인의 눈이 찾아낸 우리 땅은 수많은 부침을 감내한 흔적을 딛고 지속 가능한 발전의 동력이 곳곳에 배어있다.

그의 사진 속에서 열강들의 등쌀에 주눅 들지 않고 세상을 향해 길을 넓히고 있는 조국이 활기차게 움직이고 있다.

(2010. 7)

동백꽃 속으로

들녘에서 향기가 자란다. 손가락 한 마디만큼 자란 쑥이 짙은 향을 뿌린다. 이웃한 냉이와 보랏빛 제비꽃은 이파리에 닿는 햇살이 간지러운지 하늘거린다. 참새 부리 같은 새싹들이 포실해진 땅을 뚫고 앞다투며 세상에 얼굴을 내밀고 있다.

청계사 가는 길목에 차들이 엉켜 있다. 봄날은 한겨울 볕처럼 짧다. 그 짧음을 놓칠세라 너도나도 나오다 보니 도로마다 상춘객들로 북적인다.

주차장에 차를 세우고 절로 향하는 가파른 돌계단을 오르니, 화강암을 깎아 만든 사천왕이 속세의 흔적일랑 툴툴 털고 오르라 눈 부라리며 서 있다. 절 마당 한 곳이 소란스럽다. '불우이웃돕기 국수공양 2,000원', 공양간 기둥과 정자 곳곳에 나

붙은 광고대로 공양이 한창이다. 불목하니와 신도들의 빠른 손놀림에도 줄은 줄어들지 않는다. 기다림도 즐거운 듯 울긋불긋 차려입은 행락객들 표정이 하나같이 해사하다.

 국수 공양을 마치고 절 옆으로 나 있는 좁다란 길을 따라 산에 오른다. 길은 가파르지만 수많은 발자국으로 차지게 다져져 있다. 사람들이 지나다니는 길 위엔 돌뿐 아니라 튀어나온 나무뿌리들이 이리저리 뻗쳐 계단으로 보시 중이다. 숲으로 들어서자 잎을 내놓느라 분주한 나무들의 다글거리는 아우성이 들리는 듯하다. 줄어들긴 했지만, 계곡에선 여전히 맑은 물이 이끼긴 바위를 어루만지며 흐르고 있다. 일정하게 들리는 물소리가 경쾌하기만 하다. 지난가을 떨어졌을 나뭇잎들이 물속에 수북이 침잠해 있다. 갈색으로 변했거나 이파리 숭숭 뚫리며 분해되고 있다. 순환의 고삐를 움켜쥔 물의 작업은 소리 없이 이루어지고 있다.

 걸음을 옮길 때마다 땀이 나는가 싶으면 어느새 바람 한 자락 다가와 물기를 걷어가 버린다. 등산로에서 벗어나자 바닥은 낙엽들 일색이다. 발을 들여놓으니 마치 기다렸다는 듯 감싸준다. 두어 걸음 떼어놓는 발밑에 막 잎을 내미는 싹들이 엷은 녹색을 뿌리고 있다. 바닥에 가지를 늘어뜨린 찔레나무에서도 연초록 새순이 툭툭 터지고, 가지 끝이 통통하게 부푼 굴참나무도 뜻밖의 방문객에 긴장한 모습이다. 행여 새순을 밟을까 한 걸음 한 걸음 내딛는 발걸음이 조심스럽다.

30분 남짓 오르다 보니 가지 옆구리마다 노랗게 내민 생강나무 꽃이 시선을 잡는다. 공작 벼슬처럼 자디잔 노란 꽃망울을 달고 있는 산수유 닮은 꽃. 가지째 잡아당겨 코끝에 대니 알싸한 듯 달콤한 향기가 난다. 꽃과 이파리를 비비거나 잘라보면 생강냄새가 난다. 그런 이유로 불리는 생강나무 외에 산동백, 동박나무로도 부른다. 열매로는 기름을 짜내는데 여인들이 머리에 바르던 동백기름이다.

노란 생강나무 꽃 무더기를 보자 사춘기에 접어든 남녀의 풋사랑을 그린 김유정의 <동백꽃>이 떠오른다. 소작 부쳐 먹는 형편에 마름의 딸을 넘볼 수 없는 남자 주인공의 처지와 달리, 아릿하게 타오르는 연정을 내비쳤다 거절당한 점순이의 복수는 개구쟁이 투정처럼 펼쳐진다. 하루하루 괴롭힘을 당하는 남자 주인공의 속은 숯검댕이처럼 타들어 가기만 한다. 원인을 모르니 속수무책 당하는 수밖에 도리가 없다.

점순이의 계책에 휘말려 홧김에 닭을 죽이고 울음을 터뜨리는 남자 주인공의 순박함이란. 그 틈을 타 은밀히 속내를 드러내는 점순이의 애정공세 대목에선 웃음이 난다. 막 피어나기 시작하는 노란 동백꽃 속으로 두 사람의 몸이 쓰러지며 알싸한 향기에 땅이 꺼지는 듯 정신이 고만 아찔하였다는 구절은 언제 읽어도 웃지 않을 수 없다. 생강나무가 노란 꽃망울을 터뜨리면 아슴아슴 피어나는 아지랑이처럼 사춘기적 사랑에 가슴이 일렁인다. 온통 연둣빛인 세상과 원색의 꽃잎들은 눈 속까지 따라와 잊고 지내던 옛사랑에 불을 놓아 가슴 설레게 한다.

노란 잔상을 간직하며 겨우 생강나무에서 놓여나자 길섶의 흙무더기에도 초록빛이 맴돈다. 그새 바람도 유순해지고, 말라버린 줄 알았던 돌 틈 사이로 촉촉한 물기가 흐른다. 마른 잔디도 서둘러 초록 옷으로 갈아입고 봄 축제에 늦을세라 분주하다.

나무들 사이에서 한나절을 보내고 차들이 엉켜있던 곳으로 되돌아 나왔다. 도로가 한산하다. 청계사 아랫마을, 주말농장이란 이름을 단 밭마다 분주한 사람들 모습이 낯설지 않다. 땅을 갈고 돌을 골라내는 손길은 어설프지만 벌겋게 달아오른 얼굴은 진지하다. 황토배기 땅이 빚어낼 마술 같은 변화를 꿈꾸며 열심히 손을 놀리는 그들을 보자 일장춘몽에서 깨어난 듯 눈앞이 환하다. 같은 길인데 갈 때는 눈에 들지 않았던 풍경들이다.

흙은 씨앗을 품지만 생색내지 않는다. 땀을 흘린 자에겐 정직하게 수고로움의 대가를 안겨준다. 소박한 꽃들의 숨결 지닌 흙에서 뿜어내는 향이 싫지 않다. 시멘트로 둘러싸인 공간이 삶의 터전으로 바뀐 지금 작은 일탈을 꿈꾼다. 내년 이맘때 호미 자루 움켜쥔 채 그들과 함께 돌을 고르고 씨앗 심고 있기를, 살피꽃밭이라도 만들어 오가는 이 눈이라도 즐겁게 해줄 수 있다면 좋겠다는 바람 한 자락 품는다.

(2007. 4)

뱃살방에 가야 할까

뱃살방, 이름도 묘한 상호를 달고 곳곳에 성업 중이다. 광고지에 실린 내용을 읽어 보니 기계의 힘으로 배 부위만 집중 공략해 뱃살을 빼주는 곳이란다. 지방을 연소시키는 젤을 배에 바른 뒤 열이 나는 고무 패드를 얹고, 기계와 연결된 벨트를 40분 정도 매고 누워 있으면 된다나. 헬스파가 오장 육부를 자극해 뱃속 노폐물과 체지방을 빼준단다.

한참 전 미국의 여배우가 만삭이 된 자신의 누드 모습을 공개해 세간의 화제가 된 일이 있다. 생명을 품은 달항아리 같은 그녀의 누드는 에로틱과 거리가 멀었다. 요즘 우리나라에서도 만삭이 된 자신의 모습을 카메라에 담는 사람들이 늘어나는 것 같다.

임신으로 인해 매끈하던 배의 획기적인 변신이 시작된다. 배꼽 아래 일직선으로 임신 선을 그으며 조롱박이 몸피를 늘리듯 부풀어 올라 가을 들녘을 풍요롭게 해주는 누런 호박처럼 파격적으로 늘어난다. 임신 전보다 수십 배, 아니 수백 배쯤 늘어난 것 같은 배는 산달이 다가올수록 조금씩 아래쪽으로 청처짐 한다. 태중의 아기가 세상으로 나오기 위해 이동하기 때문이리라. 결국, 늘어난 피부가 견디지 못하고 터져 버리는데 골반과 허벅지를 둘러싸고 자유분방하게 선의 축제가 벌어진다.

거울에 비친 내 배가 예사롭지 않다. 가뭄에 갈라진 논바닥처럼 메마르고 건조하다. 하긴 탄력 넘치고 매끈하다면 그것도 이상한 일이다. 두 번의 생명을 품었다 내놓은 흔적인데 말짱할 수만은 없을 것이다.

한껏 늘어났던 뱃가죽이 원래 자리를 잃고 아래로 향하고 있다. 중력의 법칙은 예외 없이 진행 중이다. 잡아당기는 대로 끌리고 있다.

어릴 때 월례행사처럼 치르던 일이 목욕이다. 어머니는 딸 셋을 앞세우고 동네에 하나뿐인 대중목욕탕을 찾았다. 뿌연 증기로 가득 찬 탕 안은 벌거벗은 여인들로 인산인해를 이뤘다.

네댓 살배기 사내아이들 모습도 심심찮게 볼 수 있었는데 주위에서 쏟아지는 눈총을 개의치 않는 당당함이 낯설지 않았다. 아무리 일찍 가도 앉을 자리 찾느라 십여 분을 서성이기 일쑤였고 탕 안에 들어서면 얼굴로 와락 달려드는 열기로 인해 어른이나 아이나 잘 익은 사과처럼 새빨간 뺨을 반짝이고 있었다.

탱탱하다 못해 미꾸라지처럼 매끄럽던 아이들 몸부터 막 여인의 허릿매를 갖추기 시작한 사춘기 소녀들, 둘 이상의 아이를 앞에 놓고 씻기던 젊은 아낙들. 가릴 것 하나 없이 고스란히 자신을 내보여야 하는 목욕탕의 풍경은 찾을 때마다 생경스럽기만 했다. 하지만 주름 가득한 할머니들 속살은 매번 번갯불을 마주한 것 같은 놀라움을 안겨주었다. 앙상하게 드러난 팔다리와 늘어진 배는 성충으로 탈피하기 위해 벗어버린 매미 허물처럼 금방이라도 꺼져버릴 것만 같았다. 뼈마디마다 살가죽을 씌워 놓은 듯한 고비늙은 몸은 일찌감치 어머니와 목욕탕 동행을 멈춰버리게 한 원인이 되었다.

불어나는 뱃살은 여성성이 상실되어 가는 첫 번째 관문처럼 보인다. 세상을 향한 물욕이 붙어 염치없이 불거진 살가죽에 생활의 권태와 나태까지 자리 틀고 앉는 것은 순식간이다. 배짱 두둑하고 넉살 좋다는 긍정의 의미로 받아들이고 싶으나 몸짱 열풍이 일고 있는 현실을 생각하면 게으름의 흔적으로 치부될 뿐이다.

절제와 적당한 긴장으로 무장한 탄력적인 몸매는 생각 속에서만 존재하고 어느 결에 어릴 적 대중탕에서 마주한 중년 여성의 배 모양을 닮아가고 있다. 절대 그런 배를 간직할 것 같지 않았는데 이미 방향은 되돌릴 수 없을 만큼 틀어져 버렸다. 언제부턴가 뱃살방에 누워 기계의 힘이라도 빌리고 싶은 심정이 되었다.

지구 중심에서 작용하는 힘의 위력을 보여 달란 것처럼 불어나는 뱃살이 중년의 상징은 아닐 텐데. 배는 주인의 형편을 가감加減없이 드러내며 삶의 잣대 노릇을 해준다. 애초 누구나 용량은 비슷했을 것이다. 각자 다르게 펼쳐지는 세월 앞에 감출 수 없는 모양새로 변한 몸을 선뜻 받아들이기 어렵다. 에스 라인까지는 아니라도 생동감 넘치는 몸에서 내뿜는 자신감을 아직은 포기하고 싶지 않다. 백 세 시대를 운운하는 세상에 사십 대 후반은 그야말로 청춘 아닌가.

(2008. 5)

글쓰기, 그 중독의 길

　내 삶에서 글은 떼려야 뗄 수 없는 단짝 같은 존재다. 작가라는 타이틀을 주든 그렇지 않든 어릴 적 어느 한 시점부터 글은 늘 함께 했다. 프란츠 카프카가 그랬듯 나도 글을 쓰며 치유 받을 때가 많다. 글을 쓴다고 생활이 달라지는 것은 아니나 쓰는 행위에 빠져 있을 때만큼은 행복하다.

　자기 고백 성향이 짙은 수필은 글쓴이의 철학이 담기는 그릇이다. 알게 모르게 글쓴이의 삶의 향기와 모습도 담긴다. 그래서 수필가는 살아가는 일도 고지식할 정도로 정직해야 한다고 생각한다. 아름다운 문장으로 사람들 시선을 잡는다 해도 그네의 현실 속 행동이 글과 같지 않다면 그것은 독자를 기만하는 일일 것이다.

글을 쓰기 위한 소재는 주변을 둘러싸고 벌어지는 모든 것에서 얻는다. 그렇다고 일상적인 것들 모두 소재가 될 순 없다. 자신을 둘러싼 이야기를 끝없이 풀어놓는 글은 같은 얘기를 반복해 떠들어대는 사람 곁에 있는 것 마냥 심신이 피곤하다. 영혼의 일깨움을 위해 자리하고 있어야 할 글이 누군가의 머릿속을 헤집어 놓는다면 그것은 공해다. 오염된 공기를 폐부 가득 채우는 것과 같다.

주로 주변을 지키고 있는 사소하고 소외된 것들을 눈여겨 보길 좋아한다. 빨래하기 위해 세탁기가 놓인 다용도실 문을 열면 늘 같은 자리에 길게 세워져 있는 낡은 빨래판이 보인다. 귀퉁이가 닳고 닳아 검은 부스러기가 떨어져 나오는데 문득 빨래판의 처음 모습에 생각이 머물렀다. 이미 퇴물이 돼버린 낡은 물건들을 볼 때마다 이 땅의 부모들 삶이 겹쳐진다.

또한, 지난해부터 마음 주기 시작한 다육식물들이 작은 옹기 화분에서 식구를 늘려가는 모습이나 세월의 무게를 고스란히 담고 있는 아파트 화단은 글감의 옹달샘이다. 자연만큼 질리지 않고 끝없이 이야기를 건네주는 것도 없다.

글감이 정해지면 마음에 넣고 굴려 온전한 내 것이 될 때까지 생각의 끈을 놓아서는 안 된다. 무심한 채 집안일에 매달리는 순간에도 머릿속에선 글감을 가지고 이리저리 맞춰보고 뒤집어 보고 낱낱이 해부도 해보며 어떻게 자리에 앉힐지 분주하다.

글감과 마음가짐이 바로 잡히면 문장을 고른다. 아무리 좋은 철학적 사유라도 담아내는 힘이 약하면 금세 빛을 잃고 만다. 좋은 문장은 읽는 이를 신 나게도 편하게도 하여 준다. 늘 국어사전을 곁에 두고 새로운 어휘나 결 고운 우리 말 찾기에 마음을 써야 한다. 우리가 사용하는 일상 언어는 쉽고 재미있지만 글로 표현하는 데는 한계가 있다. 언어의 빈곤함을 메우기 위해서 다양한 분야의 독서는 기본이다. 또 글 쓰는 이에게 없어서는 안 될 파트너는 당연히 국어사전이라 할 수 있다.

고인이 된 피천득 선생은 "누에의 입에서 나오는 액이 고치를 만들듯이 수필은 써지는 것"이라 했지만 공감할 수 없다. 왜냐하면, 지금껏 단 한 편의 글도 '써지는' 적은 없었다. 글감이 정해지면 몇 날 며칠 신열 앓는 무녀처럼 생각에 붙들려 옴짝달싹하질 못한다. 접신을 하는 무녀의 춤사위처럼 글이 술술 풀릴 때 활자를 찍어대는 내 손가락은 자판 위에서 춤을 추는 것처럼 여겨진다.

무엇보다 글을 담아두는 곳간을 하나씩 가지고 있어야 한다.

천성적으로 소심함을 걷어내지 못하고 살다 보니 원고 청탁을 받으면 불안증부터 인다. 컴퓨터 덕에 수고로움이 줄었다. 글을 쓰고 폴더를 지정해 들어갈 곳까지 정해주고 나면 일단 한숨 돌린다. 하지만 그것은 시작에 불과하다. 폴더를 여는 순간 써놓은 글은 여기저기 잘려나가고 배치가 뒤바뀌는 과정을 겪기도 한다. 마음에 찰 때까지 곳간 문턱이 닳도록 드나든다. 퇴고의 시간은 늘 신경을 곤두세우게 된다.

집안 곳곳에 국어사전 못지않게 메모지와 펜을 비치해 둔다. 그때그때 떠오르는 생각 조각들을 놓치지 않으려면 메모를 해두는 수밖에 없다. 곧바로 글로 태어나는 것은 아니나 시간을 두고 조금씩 다듬고 살을 붙여 온전해질 때까지 마음을 쓴다. 무녀리가 되지 않게 사랑을 쏟아도 도저히 이름값을 못할 땐 마음의 경종 삼아 한쪽에 모아둔다.

문학이란 여정은 결코 호락호락하지 않다. 잠시만 긴장의 끈을 늦추면 게으름의 흔적은 고스란히 글 속에서 드러난다. 모든 문학은 기발한 상상력과 뛰어난 창의력이 굳건하게 받쳐줘야 한다. 수필이 아무리 작가의 체험을 바탕으로 한 글쓰기라 해도 빈약한 상상력은 글의 생명을 줄인다. 좀 더 참신한 기법과 기발한 상상력으로 무장하고 있어야 한다.

글 쓰는 일을 업으로 삼은 이에게 열린 마음과 측은지심은 필수항목이다. 하지만 누군가 너는 그리 살고 있는가, 라고 묻는다면 부끄러운 마음이 먼저 들 것이다. 이타적 삶까지는 아니어도 세상을 향해 상식적인 사람이 되자고 다짐한다. 번번이 울퉁하고 불퉁한 성질을 열정이라 착각할 때가 태반이지만.

굳이 문학을 하지 않아도 사는데 불편함은 없다. 하지만 편안한 잠자리를 마다하고 낱말과 씨름하는 것은 채워지지 않는 열망 탓이다. 글을 통해 나는 나를 만난다. 나다운 삶을 하루하루 조각하며 살아가는 길 위에 불면 가득한 시간만이 놓여 있더라도 가야 한다. 글쓰기, 그 중독의 길.

(2008. 11)

왕옥현의 수필세계

2천 년대 도시 풍경과 아름다운 정서

김우종

문학평론가 | 전 덕성여대 교수

2천 년대 도시 풍경

   소설은 픽션이기 때문에 다양한 인물을 다양한 배경 속에 자유롭게 등장시키고 사건을 만들어 나간다. 이와 달리 수필은 작은 돌 하나 나뭇잎 하나 또는 창밖으로 보게 되는 고양이 한 마리만으로도 많은 이야기를 만들어 나간다. 아무리 작은 것이라도 그것은 모두 그것이 존재하는 사회와 역사의 한 부분이며 그 시대의 이야기를 지니고 있기 때문이다. 그래서 수필가는 그 사물을 통해서 그들이 말해 주는 오늘의 이야기 또는 먼 옛

날의 전설을 듣고 생각하며 그 이야기를 독자에게 전해 준다.

왕옥현의 수필들도 그렇다. 굳이 재미있는 사건을 기다리고 수필 감을 좇는 것으로 보이지 않는다. 작자가 살아가는 생활 주변의 일상적인 소재 속에 주제를 담아나간다.

생활 주변이라면 그만큼 소재가 작은 공간에 갇히기 때문에 소설적 양식이 지니는 넓은 무대는 아니다. 그렇지만 어떤 지역의 어떤 소재라도 그것은 어떤 역사적 연속성 안에서 일어나는 일이며 그것은 전체 속의 하나로서의 의미를 지닌다.

왕옥현의 작품 <세상 속으로>에서 내가 유심히 보게 된 것은 고양이 한 마리다. 흔히 보는 고양이이고 특별히 재미있는 사건이 터진 것도 아니지만, 그는 2000년대를 살아가는 왕옥현 작가의 작품 속에서 하나의 역사적 의미와 사회적 의미를 지니기는 중요한 역할을 하기 위해 등장하고 있음을 알게 된다. 왜 그는 자가용 승용차 밑에서 몸을 숨기고 사는 노숙자가 되어야 했느냐 하는 의미에서 그런 역사적 사회적 변화의 한 증언자로 등장하고 있다는 사실이다.

이것이 평범한 일상적 소재만으로도 좋은 문학을 만들어 나가는 수필의 묘미다.

왕옥현은 이런 장면들을 포착하면서 한국인이 살아가는 현대 도시 문명을 사실적으로 잘 묘사해 나가고 있다. 문장이 세련되고 사물을 포착하는 감각이 섬세하며 예민하기 때문이다.

　차 한 대가 시동을 걸고 있다. 부릉부릉 소리만 요란할 뿐 차는 제자리에서 털털대고 있다.
　쌀쌀한 날씨 때문인지 차 꽁무니를 빠져나오는 매연이 운무처럼 퍼졌다. 그때 등을 활처럼 구부린 고양이 한 마리가 차 밑에서 바쁜 걸음으로 나왔다.
―< 세상 속으로>

　한국의 도시인들 중에서 소위 소시민 계층이라면 누구네 집이나 대개 자가용 승용차 한 대씩은 갖고 있다. 소시민이라면 인간 사회를 가진 자와 못 가진 자로 나누며 역사발전의 원칙을 물질적 소유의 개념으로 설명하려고 한 사회주의적 이념의 용어였지만 단순히 빈부의 계층적 용어로만 보자면 중산층과도 비슷하며, 빈곤층을 벗어나서 작은 아파트 한 채에 승용차 한 대 지니고 가끔 차를 몰고 쇼핑도 하러 가는 계층으로 보면 될 것이다.
　이런 계층들은 아침 일찍 아파트에서 나와 출근하기 위해 자동차 운전석에 앉아 액셀을 밟는다. 또는 남편이 출근한 후

마트에 가기 위해서 그렇게 시동을 거는 주부들도 있다. 이때 흔히 이처럼 고양이를 보는 경우가 많다. 차 밑에 몸을 숨기고 사는 고양이가 엔진 소리에 놀라서 바쁜 걸음으로 빠져나오는 모습이다.

그런데 이런 모습은 평범한 것이지만 적어도 60년대나 70년대와는 확연히 구별되는 시대적 의미가 있다. 6, 70년대에는 그렇게 자가용 승용차가 아파트에 세대수만큼 차 있지도 않았고 지금처럼 노숙자가 되고 도둑고양이로 불리는 고양이도 많지 않았기 때문이다. 그 사이에 세상이 많이 달라진 것이다.

그런 의미에서 이것은 2천 년대를 말해 줄 수 있는 역사적 풍경으로서의 가치를 지니게 된다.

사실로 수필은 허구가 아닌 사실의 기록이기 때문에 이런 작품은 훗날의 독자들에게는 2천 년대를 되돌아볼 수 있는 추억의 풍경이 될 수 있을 것이다. 그리고 이런 모습들은 우리가 살아가는 다양한 세상 풍경 중의 하나이기 때문에 세태수필이라고 말해도 좋을 것이다.

1930년대에는 세태소설이라고 평가된 서설이 있었다. 1936년 작 박태원의 <천변풍경>을 당시의 평론가들은 세태소설이라고 부르기도 했었다.

박태원이 거의 수필 같은 형태로 그려 나간 당시의 청계천 풍경은 해방 후에는 판자촌 시대를 거치고 2000년대 오늘의 화려한 인공 시냇물로 바뀌었다. 이런 풍경들도 역사를 말해 주는 수필이 된다.

청계천 9가를 지나서 용두 역으로 가는 천변에는 '청계천 판잣집 체험관'이 있다. 나무판자로 벽을 붙여서 판잣집을 만든 전시관이다. 물론 이것은 해방 직후부터 청계천 변이나 산동네에 있던 판잣집과는 달라서 오해를 사게 되어 있다. 판잣집 또는 하코방이라고 부르던 그 집들은 그렇게 반듯한 널판자로 벽을 붙인 집이 아니라 쓰레기통에서 주워 온 상자를 덕지덕지 붙이고 미군 천막 부스러기로 땜질하며 비와 바람만 겨우 막도록 애를 쓴 너절하고 가난한 누더기 집이었기 때문이다.

어쨌든 이 집 벽에는 '1960년대~ 1970년대'라는 연대가 적혀 있다.

그 후 한국의 서울은 많이 바뀌었다. 그리고 80년 이후부터는 서울 외곽에도 분당, 평촌, 산본, 일산 등 아파트 도시가 형성되고 2000년대에는 아파트 주민이면 거의 누구나 승용차를 갖고 이렇게 출근도 하고 다른 일도 보러 다니게 되며 이 작품의 소재가 된 것이다.

그런데 작자는 이 같은 매우 일상적인 풍경을 그리면서도 좀 색다른 관점을 보여 주고 있다. 도시 문명 속에서 자연은 어떤 모습으로 변형되고 그것은 우리에게 어떤 의미를 지니는가 하는 질문을 가져 보게 하고 있는 것이다. 그러면서도 이 작품들은 정서적인 흡인력을 잘 유지해 나간다. 그 풍경 속에는 조금씩 촉촉한 정서가 배어 있기 때문이다. 그리고 비판적 지성이 묻어나고 있다. 변해가는 세상을 그린 것이기 때문에 지난날에 대한 향수가 암암리에 배어 있으며 비록 사실적인 풍경묘사지만 서정적 감각이 함께 나타나고 있어서 문학적 향기가 서리게 된다.

우리 문학사에서 도시 풍경의 다양한 모습을 회화적으로 묘사하고 있는 대표적인 작품으로서는 앞에서 언급한 박태원의 작품이 우선적으로 꼽힌다. 이 소설은 당대 도시인의 다양한 삶의 모습을 왕옥현의 수필처럼 사실적으로 묘사했기 때문에 유사성이 있다. 그렇지만 박태원의 그것을 세태소설이라고 했듯이 왕옥현의 이것이 세태 수필이란 이름이 가능하더라도 일제 말기의 그것과 오늘의 수필가 왕옥현이 보는 도시풍경은 바라보는 각도가 다르다. 30년대의 모더니즘이 지니고 있던 탈이념적인 의도적 객관적 회화성과 달리 왕옥현의 수필은 조금쯤 비판적 시각이 작용하며 또 그 도시에 대한 애정도 있기 때문이다.

다양한 도시 풍경과 비판의식

<세상 속으로>에서는 아파트 주변의 풍경과 학원가의 밤 풍경 등이 나타난다. 그 풍경 속에는 화자로서의 작자가 있고 작자가 관찰하는 어떤 아주머니가 있고, 입시 공부에 지쳐 있는 학원가의 학생들과 방황하는 젊은이들이 있고 고양이와 개가 있다. 그리고 <색 뿌리는 남자>에는 이런 도시의 고층 빌딩 까마득히 높은 곳에 매달려 페인트칠을 하며 힘들게 살아가는 남자가 있고, <꽃 피는 공중전화>에는 핸드폰 문화에 밀려서 사라져 가는 공중전화 박스가 있고 그 안에서 고향의 부모님이나 누군가에게 전화하는 외국인 노동자들이 있다. 그리고 <가을 모기>에는 자연의 숲 속이나 늪 속이 아니라 아파트에서 주민들과 함께 사는 모기들도 나온다.

이것이 모두 작자가 그리는 2000년대 한국인의 삶의 풍경이며 지난 몇십 년 사이에 우리가 얼마나 달라졌는지 그 역사적 변화를 나타내는 풍경화인 셈이다.

그가 허공에 걸려 있다. 아까부터 움직임이 없다. 위태위태해 보이는 줄 하나에 의지해 휴식을 취하는 것인지 면벽 수도를 하는 것인지. 설마 아득한 높이에 매달려 조는 것은 아닐 테지, 베란다 창으로 그를 지켜보는 내내 조바심이 난다.

잠시 후 그의 줄타기가 시작되었다. 고소공포증이 있는 난 놀이기구 탈 때도 식은땀이 난다. 고층 아파트에 살며 웬만큼 적응됐겠지 하다가도 문득문득 배꼽 밑이 간질거리며 매시근해지는 증세를 경험하곤 한다.

―〈색 뿌리는 남자〉

여기서 허공에 매달려 있는 남자는 〈색 뿌리는 남자〉의 등장인물이다. 26층 높이에 매달려서 건물 벽에 색을 뿌리고 있는 도장공塗裝工이다.

이 건물도 아파트일 수 있다. 더 높은 아파트도 있으니까. 도곡동의 무슨 아파트는 66층이고 정상은 헬리콥터가 내리게 되어 있다.

작자는 아마도 도곡동의 아파트는 아니겠지만, 고층 아파트에 사는 것은 사실이며 그래서 가끔 '배꼽 밑이 간질거리며 매시근해지는 증세를 경험하곤 한다.'고 말하고 있다. 2000년대를 살아가는 도시 소시민의 삶이 얼마나 달라졌는지를 잘 나타내고 있는 장면이다.

공중전화 부스에 중년 여인이 들어 있다. 양손으로 수화기를 감싸 안고 시선은 한 점에 고정한 채 통화 중이다. 간간이 고개를 끄덕이고 입꼬리가 오르내리나 싶더니 양 볼이 실룩거린다. 전화선 너머 수화기를 들고 있을 상대가 궁금해진다.

가산디지털단지역으로 이름이 바뀐 가리봉역을 지나다 보면 심심치 않게 보게 되는 장면이다. 근처에 일터를 둔 중국교포이거나 이주노동자일 때가 많다. 공중전화부스 안에서 잔잔한 여인의 웃음소리가 흘러나온다. 자식이 학교에서 우등상이라도 탄 걸까. 아니면 엉킨 실타래 같던 문제가 말끔히 해결됐단 소식을 듣는 걸까. 갑자기 그네 곁으로 달려가 함박꽃 같은 웃음에 동참하고 싶어진다.

—<꽃 피는 공중전화>

<꽃 피는 공중전화>의 앞부분이다. 이 장면도 2000년대 한국 도시의 변화를 나타내는 대표적인 장면의 하나다. 외국인 노동자들이 공중전화 부스에서 긴 전화를 하는 장면이 그렇다. 작자는 밖에서 보는 관찰하기 때문에 부스 안의 주인공의 국적까지 확실히 알 수는 없지만, 이주 노동자들이 흔히 그렇게 공중전화 부스의 애용자가 되고 있는 것을 알고 있다.

그리고 작자는 이런 장면도 곧 사라지고 있음을 밝히고 있다. 휴대전화기가 등장했기 때문이다.

작자는 이런 장면들을 통해서 두 가지의 새로운 큰 변화를 그려나가고 있다. 하나는 한국사회가 다문화 시대로 접어들었다는 것. 그리고 공중전화기가 그들에게 있어야 할 너무도 소중한 이유, 그리고 그것이 핸드폰으로 바뀌며 공중전화기에 매달려서 그리운 고향의 부모님이나 형제들의 소식을 듣던 풍경도 사라지고 있다는 것 등이 모두 2000년대 도시 문화의 변모를 나타낸다.

이런 작품들을 보면 작자의 작품 소재는 하나의 주제를 향해서 집중되고 있음을 알게 된다. 평범한 일상적 소재이지만 그것은 모두 우리들의 삶의 환경이 어떻게 변해가고 있는지를 말해주는 대표적인 것들이다. 그런 의미에서 이 작품들은 2000년대가 어떻게 달라진 세상인지를 말해 주는 주제로 모아지고 있는 것이다.

세상에 대한 따뜻한 애정

작자는 이렇게 달라진 도시 풍경을 자연과 인간문명과의 관계 속에서 바라보고 있다.

작자는 자연의 숲 속이나 늪이나 개울물로 돌아가야 하는 모기들이 아파트 안에서 그대로 입주하고 월동하며 식구처럼 살아가려고 하는 사실을 그리고 있다. 자연이 도시 안에 들어와서 기형적인 삶을 갖기 시작한 것이다.

도시 속에 들어와서 공존하는 자연은 모기만이 아니다. 작자가 집에서 연꽃을 키우는 것도 그렇다. 도시의 삭막한 삶 속에 조금이라도 자연의 아름다운 정서를 불러들여 공생하고 싶어서 집에다 연못을 만들고 연꽃을 키우는 것이다.

연꽃은 연못에서 살아가는 식물인데 작자는 이것을 아파트 베란다에서 키우고 있다. 그것은 여느 연꽃보다 작은 수련이다. 그리고 이것을 자배기 안에서 키우고 있다. 자배기가 연못 구실을 한다. 물론 그 속에는 개흙도 있고 매우 징그러운 거머리와 함께 실지렁이 고둥이 있고 온갖 생명체들이 함께 살고 있다. 이 생물들은 자연의 공간에 있던 수련을 그대로 도시 속으로 옮기고 또 옮기면서 그대로 묻어 온 것이다. 그리고 작자는 이런 거머리 같은 것과도 공생하게 된 것이다. 자연이 좋기는 하지만 작자는 거머리나 실지렁이와는 별로 친분이 두텁지 않고 징그럽기만 하기 때문에 질색이지만 어쩔 수 없이 이들과도 공생하게 된 셈이다. 그래서 고생이 많다고 <사서 고생>이라고 제목을 달았다.

작자는 이런 변화 속에서 특히 고양이와 인간과의 사이에 나타나는 변화에 주목하고 있다.

자동차의 시동 엔진을 켜자 그 밑에 있던 고양이 한 마리는 요란한 소리에 놀라서 밖으로 나온다. 아파트 주변에 살고 있지만, 주인이 있는 고양이는 아니다.

이런 것도 흔히 볼 수 있는 일상적 풍경이지만 역사적 시간의 흐름 속에서 보는 고양이는 일상적인 것이 아니다. 이런 노숙자 고양이들에게도 예전에는 사람들의 사랑을 받고 사는 자기 집이 있었다. 그들은 주인집에서 밥을 얻어먹고 그 대신 쥐를 잡아 주는 공생 관계에 있었다. 그렇지만 지금은 쥐들이 사라지고 고양이는 무용지물이 되었기 때문에 이 도시문명 속에서는 할 일이 없어졌다.

물론 할 일이 없더라도 고양이들은 애완동물로서 사랑을 받고 살 수 있는데 이들은 이 사랑마저 개한테 빼앗기고 있다. 특히 외래종 개들이 호사 극치의 사랑을 독점하고 고양이들은 대개 소박맞은 여인 신세가 되었지만 돌아갈 친정집도 없어서 노숙자가 되고 '도둑고양이'라는 범법자 이름을 달게 되고, 당국에 신고하면 체포 작전이 벌어지며 쫓기게 된 것이다.

도시문명의 변화가 고양이의 사회적 지위를 맨 밑바닥으로 격하시켜 버린 셈이다.

작자는 이런 고양이를 통해서 우리들의 변화무쌍하고 삭막한 인심을 지적하고 있다.

이런 인간성 문제는 <나무를 사랑하는 법>에서도 나타난다.

어느 산자락에서 태어나 나른한 볕을 쬐며 싱그러움 뿜어냈을 나무들이 속박당한 자유를 분에 갇힌 채 분을 삭이고 있다. 분재는 원하는 수형을 얻기 위해 가지를 자르고 교정하는 수고를 겪는다. 하지만 나무들 가지를 감싸고 있는 철사는 족쇄처럼 보인다. 위로 뻗으려는 나뭇가지를 아래로 끌어당기고…

―<나무를 사랑하는 법>

이런 표현들은 자연을 상대로 하는 인간들의 잔인성을 나타내는 것이다. 작자는 이렇게 우리 사회를 바라보면서 비판 의식을 버리지 않고 있다.

이런 점에서 작자가 그리는 도시문명의 회화적 풍경은 30년대의 세태소설이 지녔던 문학과는 본질적으로 다르다. 박태원은 서울의 청계천 변에서 서울역 주변까지 그려 나간 도시인의 삶의 모습에 대하여 어떤 이념적 비판의식도 담지 않았다고 비판을 받았었다. 그것이 당시에 유럽으로부터 수입해 온 모더니즘의 특성이기도 하지만 그것은 좋게 말해서 모더니즘이고 좀 더 정직하게 말하면 그것은 1931년과 1934년 두 차례에 걸쳐서 다른 문인들 다수가 체포되고 탄압받던 현실 속에서 부득이 선택한 현실 도피적 문학 방법이었다.

이에 비하면 왕옥현의 수필은 비록 다양한 도시적 삶의 모습을 사실적 회화적 방법으로 묘사해 나갔더라도 현실을 보는 비판의식을 배제하고 방관하며 무관심해진 작가가 된 것은 아니다.

작자의 이런 의식은 상징적 사물로서 소재를 풀어나가는 기법에서도 잘 나타난다.

작자는 <세상 속으로>에서 집 없는 고양이가 되고 도시의 곳곳에서 방황하는 고양이들을 보면서 학원가의 학생들을 상상하고 있다. 그들은 물론 사랑하는 부모가 있고 집이 있지만 실제로는 학교 수업이 끝나도 귀가하지 못하고 입시준비 때문에 학원가의 밤거리에 내던져진 신세다. 그래서 부모님의 사랑을 받을 시간도 없고 달콤하고 편하게 쉬고 잠자고 먹고 노는 집도 없는 것이나 다름없다. 이 모습은 노숙자가 된 고양이 신세와 다를 바가 없다. 작자는 이렇게 고양이를 그리면서 거기서 우리 학생들의 이미지를 찾고 우리 사회의 잘못된 현실을 지적하고 있다.

또 이런 비유적 방법은 자식들과 함께 분재盆栽를 보면서 자식의 불만을 통하여 오늘의 교육문제를 조금쯤 비판하는 것으로도 나타나고 있다. 가지를 자르고 철사로 동여매며 작고 좁은 분재 안에 나무를 가둬놓고 인간이 원하는 형태로 나무를 기형화하는 모습이 오늘날의 자식교육과 비슷하기 때문이다.

그런데 이런 비판의식이 아주 강한 편은 아니다. 이런 불만에도 불구하고 작자에게는 이 도시에 대한 애정의 강도가 매우 강하기 때문이다. 작자는 우리 사회가 너무도 자연으로부터 멀어지고 삭막해지는 것, 고층 빌딩이 일상적 주거지가 되어서 배꼽 밑이 근질거리고 속이 메슥거릴 지경으로 고소공포증에 내몰리고 있는 것, 아이들은 학원가로 내몰리면서 늦은 밤이 되도록 집 없는 고양이들처럼 집에도 못 가고 있는 것, 이렇게 정이 메마르고 삭막해져 가는 도시 문명에 대해서 비판적이면서도 한편으로는 여전히 이 도시에 적응해가며 변화를 수용하고 사랑하며 살아가고 있다. 분재를 바라보면서 그렇게 잔인하게 쇠줄로 구부리고 비틀고 잘라내는 인공문화에 거부감을 갖다가도 그런 문화를 결국은 긍정적으로 받아들이며 이에 동화되고 애정을 잃지 않고 있다. 이런 애정적 시각은<세상 속으로>에서도 잘 나타나고 있다. 고양이를 불쌍한 처지로 내몰아 버린 도시인들의 삶을 곱지 않게 바라보면서도 한편으로는 배고픈 고양이들에게 먹이를 주는 아주머니도 있다는 것을 놓치지 않고 있다. 그처럼 궁극적으로는 세상을 긍정적인 따뜻한 눈길로 바라보고 있는 것이 왕옥현의 수필 세계다. 이런 애정 때문에 이 작가의 수필들은 오늘의 도시문화를 그려 나가면서 현재에 대한 애정만이 아니라 흘러가버린 과거의 영상들을 못내 그리워하며, 세련된 문체와 함께 따뜻한 정서를 작품의 저변에 깔아나가고 있어서 공감도가 높다.

왕옥현 수필집
마림바

2012년 10월 25일 초판 인쇄
2012년 10월 30일 초판 발행

지은이 왕옥현 | 펴낸이 김은영 | 펴낸곳 북 나비
출판신고 2007년 11월 19일 제380-2007-00056호
주소 133-826 서울시 광진구 구의동 252-45번지 101호
전화팩스 (02)903-7404, 070-7677-2986
booknavi@hanmail.net
www.booknavi.co.kr
출력 모노 | 인쇄 동광프린팅 | 남영제책

© 왕옥현 2012
ISBN 978-89-993682-39-7 03810
값 12,000원

※ 잘못된 책은 교환해 드립니다.